KB033121

감정의
브레이크를
제거하는
법

"KOKORO NO BRAKE" NO HAZUSHI KATA by Hiroyuki Ishii

Copyright © Hiroyuki Ishii 2006

All rights reserved.

First published in Japan by FOREST Publishing, Co., Ltd., Tokyo.

This Korean edition is published by arrangement with FOREST Publishing, Co., Ltd.,
Tokyo in care of Tuttle-Mori Agency, Inc., Tokyo through Danny Hong Agency, Seoul.

이 책의 한국어판 저작권은 대니홍 에이전시를 통한 저작권자와의 독점 계약으로 (주)에이
지이십일에 있습니다. 저작권법에 의해 한국 내에서 보호를 받는 저작물이므로 무단전재와
복제를 금합니다.

자기 주도적인
삶을 살기 위한

이시이 히로유키 지음 | 최윤영 옮김

감정의
브레이크를
제거하는
법

에이지21

여러분과 만나기를 오랫동안 기다려왔습니다.

이 책을 선택해주어서 감사합니다.

이것도 인연이니 먼저 이 장만이라도 끝까지 읽어주세요.

갑작스럽지만 여러분께 한 가지 질문을 드리겠습니다.

"여러분에게는 실현하고 싶은 목표나 꿈, 동경하는 무언가가 있습니까?"

만약 그런 것 없이 지금의 인생이나 자신 본연의 모습에 100퍼센트 만족하고 있다면 이 책은 그다지 여러분에게 도움이 되지 않을 겁니다.

이 책은 지식을 배우거나 즐기기 위한 목적이 아니라 여러분의 목표를 이루기 위한, 오로지 그것만을 위해 만들어졌으니까요.

그렇다고 해서 시중에 널린 자기계발서처럼 단순히 '자신감을 가지자!', '의욕을 내자!'는 말로 여러분을 격려하고 싶지는 않습니다.

자신감이 중요하다는 것은 누구나 알고 있습니다. 문제는 어떻게 자신감을 가져야 하는지, 어떻게 하면 의욕을 낼 수 있을까 하는 구체적인 방법론입니다.

또한 여러분에게는 재현 불가능한, 타인의 성공 체험이 담긴 책도 별로 도움이 되지 않습니다. 그 사람이 얼마만큼 대단한지는 조금도 중요하지 않습니다. 여러분이 무엇을 할 수 있는지가 문제입니다.

성공한 사람의 책을 읽고 무척 흥분한다. '좋아, 오늘부터 나도 노력하자! 나도 할 수 있어!' 마음먹는다. 하지만 일주일만 지나면 그 열기도 완전히 식어 버린다. 평소의 자신으로 되돌아온다. 그리고 또다시 다른 자극을 갈구하며 신간 도서를 찾아다니거나 세미나에 큰돈을 쓴다.

감동적인 영화라는 말을 듣고 보러 간다. 눈물을 흘리며 감동한다. '아, 나도 오늘부터 타인을 따뜻하게 대할 거야. 감사하며 하루하루를 보내야지'라고 맹세한다. 그러나 며칠만 지나면 사소한 일에 짜증을 내고 상대를 못살게 구는 평소의 자신으로 돌아와 있다.

이처럼 의욕을 가지는 건 쉽지만 의욕을 계속해서 불태우는 일은 어렵습니다.

'도중에 듣기를 그만둔 영어 교재', '사놓기만 하고서 사용하지 않는 건강 기구', '읽지 않고 책장에 고이 모셔 놓은 책', '쓰다 만 소설' 등 여러분 머릿속에도 떠오르는 것이 있을 것입니다.

어째서 의욕은 지속되지 않을까요?

어째서 감동은 금세 식어 버리는 걸까요?

이는 여러분의 마음에 제동이 걸리기 때문입니다.

이 '마음속 제동장치'의 정체를 파악할 수만 있다면 반대로 그것을 이용하여 의욕과 감동을 오랫동안 유지시킬 수 있습니다. 그 결과 원활한 목표 실현이 가능해집니다.

이 제동장치를 내려놓을 수 있는 힌트는 여러분의 잠재의식에 있습니다.

잠재의식이라 해서 어렵거나 미스터리한 것이 아니라, 요컨대 여러분의 또 하나의 마음입니다.

다이어트 해야겠다고 마음먹지만 무심결에 과식한다.

진정하자고 마음을 다스리지만 짜증을 내고 만다.

기획서를 작성해야 하지만 좀처럼 의욕이 안 생긴다.

이와 같이 자신의 생각과는 반대로 움직이는 마음이 존재함을 여러분도 경험으로 잘 알고 있을 겁니다. 바로 그것이 여러분의 '또 하나의 마음', 다시 말해 '잠재의식'입니다.

이 책에서는 7가지 테라피를 통해 여러분이 자연스럽게 자신의 마음을 방해하는 제동장치를 풀어, 보다 행복한 인생을 실현하게끔 도와줍니다.

조금이라도 흥미가 생겼다면 지금 바로 '마음속 제동장치'를 풀기 위한 첫걸음을 내딛어 보세요.

Contents

Therapy : 01

시 작 은

가 능 한

신 중 하 고

천 천 히

당신이 바뀌길 원하지 않는
마음이 있다

부자는 왜 부자일까?

인기 있는 사람은 왜 항상 인기가 있을까?

행복한 사람에게는 왜 행복한 일만 일어날까?

그 비밀을 지금부터 단 한마디로 표현한다.

부자가 왜 부자인가 하면……부자라서 그렇다.

인기 있는 사람이 왜 인기 있는가 하면……인기 있는 사람이라서 그렇다.

행복한 사람이 왜 늘 행복한가 하면……행복한 사람이라서 그렇다.

도통 무슨 말인지 영문도 모를 소리로 당신을 농락하려는 게 아니다. 아주 중요한 사고방식이 여기에 숨겨져 있다.

앞에서와 마찬가지로 말하면,

가난한 사람은 가난하기 때문에 가난하고,

살찐 사람은 살쪘기 때문에 그렇다.

더 자세히 설명해 보겠다.

신체는 급격한 기온의 변화로부터 자신을 지키기 위해 가능한 체온을 일정하게 유지하려고 한다. 뜨거워지면 땀을 내어 체온을 내리고, 차가워지면 신체를 떨게 하여 열을 내도록 한다.

이와 마찬가지로 잠재의식도 급격한 환경의 변화로부터 자신을 지키기 위해 가능한 현재 상태를 유지하려고 한다.

그렇기 때문에 부자인 사람의 잠재의식은 가능한 부자로 있으려 한다. 신체가 자연스레 평열을 유지하려는 것과 똑같이 현재의 풍요로운 수준을 유지하려고 잠재의식이 작동한다.

구체적으로 어떻게 작동할까? 예를 들면 '별 생각 없이' 선택한 일이 큰 돈벌이의 기회로 이어지기도 한다. 재산을 잃어버릴 만한 큰 위기가 닥쳐도 '무심히' 그것을 피해 지나가 버린다. 이런 식으로 잠재의식이 '이끌어주는' 것이다.

현재 상태를 유지하려는 잠재의식

같은 원리로 가난한 사람의 잠재의식은 가능한 '지금의 가난'을 유지하려고 한다. 그래서 돈벌 기회가 찾아와도 '왠지 모르게' 도망가 버린다. 스스로도 훗날 생각해 보면 '그 일, 기회였는데 어째서 하지 않았을까' 하고 고개를 갸웃거리게 되지만 당시에는 '왠지 모르게' 두렵고 '왠지 모르게' 시시한 일처럼 여겨진다. 이 또한 잠재의식이 그렇게 당신을 이끈 결과다.

그러면 여기서 당신은 이렇게 생각할지도 모른다.

'아무리 현상 유지라고 해도 가난을 유지한다니 어이없네!'

하지만 아무리 가난해도 최소한 '어제까지처럼' 가난한 것이다. 따라서 잠재의식은 '안심'한다.

지금껏 검소하게 생활하던 사람이 갑자기 로또에 당첨되는 바람에 이후의 인생이 너덜너덜해졌다는 이야기를 듣는 경우가 있는데, 잠재의식은 그런 상태를 모면하기 위해 최대한의 노력을 한다.

'부자는 바람직하고 가난은 나쁘다'와 같은 구별이 잠재의식에는 없다. 그저 단순히 메커니즘으로써 '현재 상태를 유지'하려고 한다. '어제까지의 당신을 유지한다.' 이것이 잠재의식의 중요한 임무 중 하나이기 때문이다.

이런 식으로 잠재의식이라는 것은 어찌됐건 '현상 유지'를 하려 한다. 그로 인해 잠재의식은 당신을 지켜주고자 하는 것이다.

자, 이것으로 부자는 부자라서 부자라고 말한 이유가 이해되었는가? 부자가 부자인 것도, 가난한 사람이 가난한 것도 잠재의식적으로는 똑같다는 것. 단순한 '현상 유지'의 결과다.

잠재의식은 현재 상태를 유지하려고 한다.

이 말을 당신이 꼭 이해하기 바란다. 이 말의 이해 여부가 당신의 성공과 행복을 크게 좌우하니까.

다이어트에 실패하는
진짜 이유

나는 테라피를 통해 많은 사람의 마음 문제에 몰두해왔다. 그
경험을 통해 나는 다음과 같이 단언할 수 있다.

인생이 생각대로 나아가지 않는 건 대부분의 경우, 이 잠재의
식의 현상 유지 메커니즘이 작용하고 있기 때문이다.

예를 들어 다이어트를 하고 싶어 하는 사람이 있다고 하자.
하지만 아무리 노력해도 어김없이 과식을 하고 만다. 운동도
지속하지 않는다.

이런 사람을 옆에서 보면 보통은 '의지가 약한 사람'이나 '진심으로 살을 빼고 싶은 마음이 없는 사람'이라고 생각하기 쉽다.

그러나 이는 착각이다. 의지가 약한 것도, 살을 빼고 싶은 마음이 없는 것도 아니다. 당사자야말로 살찐 모습으로 인한 고통을 매일 느끼면서 '이대로는 싫다. 나는 변하고 싶다!'를 강하게 바라고 있을 테고 분명 열심히 노력하고 있을 것이다.

그런데도 무심코 과식을 하게 되거나 운동을 게을리 하게 되는 이유는 무엇일까? 이제는 그 답을 알 것이다.

잠재의식이 지금의 체중을 유지하려고 하고 있기 때문이다.

'현상 유지 메커니즘'이 작동하고 있는 것이다.

운동선수가 첫 올림픽 참가를 위해 줄곧 노력해왔다고 하자. 그런데 올림픽이 코앞으로 다가와 실력을 세상에 공개할 때가 되자 별다른 이유도 없는데 갑자기 의욕이 시들해진다. 자신의 행위가 하찮게 여겨진다. 그 결과 도저히 동기부여가 오르지 않아 화려한 무대에서 전력으로 실력을 발휘하지 못한 채 경기가 끝나 버린다. 이런 일은 실제로 있다.

실전에 약하다는 둥 주위의 기대가 너무 커서 압박감에 무너졌다는 둥 다양한 원인을 내밀며 비판하겠지만 실제로는 잠재의식의 '현상 유지 메커니즘'의 행위임을 생각해야 한다.

메리지 블루는

왜 일어나는가?

이는 비단 운동선수에 국한하지 않는다. 업무 목표 달성 직전에 의욕을 잃어버리거나 말도 안 되는 실패로 지금까지의 노력을 무용지물로 만들어 버린 경험이 아마 당신에게도 있을 것이다.

사랑하는 사람과의 결혼을 눈앞에 두고는 '정말로 이 사람으로 괜찮을까, 내 인생은 이것으로 괜찮을까' 갈피를 잡지 못해 갈팡질팡한다. 분명 결혼한다면 이 사람 이외에는 없다는 생각으로 사귀어왔건만, 조금씩 준비가 갖추어지고 막상 결혼식이 현실로 다가오자 '어쩌면 내가 엄청나게 잘못된 선택을 한 게 아닐까' 하는 기분에 빠진다.

이른바 '메리지 블루'라는 녀석인데, 이 또한 잠재의식의 '현상 유지 메커니즘'이 작용하고 있다고 생각하면 납득할 수 있다. 독신인 당신의 잠재의식은 가능한 독신을 유지하게끔 당신을 이끌고 있다는 말이다.

모두가 적극적으로 전진하고 싶어 한다. 조금이라도 성장하기를 바란다. 그럼에도 불구하고 마음에 제동이 걸리는 이유는 이런 식으로 잠재의식이 현상을 유지하려고 하기 때문이다.

잠재의식에 악의는 없다. 현상을 최대한 유지함으로써 당신을 지켜주려는 것뿐이다.

어린 시절 당신이 조그마한 도전을 하려고 할 때 어머니가 한 말을 기억하는가? '위험하니까 그만둬'라고 말씀하지 않았는가? 어머니에게 악의가 있었던 것이 아니다. 당신을 소중하게 여기기에 당신에게 조금이라도 위험이 될 만한 일에는 민감

하게 경계하며 그만두게 한다. 말 그대로 '부모의 마음'이다.

잠재의식의 '현상 유지 메커니즘'도 마찬가지다.

잠재의식의 모순을 해결하는
간단한 방법

하지만 당신이 한 단계 발전하고자 할 때는 잠재의식의 악의 없는 이 '부모의 마음'이 어김없이 마이너스로 작용한다.
잠재의식과 의식 사이의 이 모순을 어떻게든 평화롭게 해결하고 싶다면 어떻게 해야 좋을까?
실은 매우 간단하다.

잠재의식을 새로운 자신에 맞춰 서서히 길들여 나가면 된다.

그저 이것뿐이다. 그러나 이 '길들인다'는 것이 의외로 어렵다.

여기서 한 가지 알아야 할 사고방식이 있다.

멈춰서 있는 자동차는 가능한 멈춰 있으려고 한다.

그래서 처음에 자동차를 움직일 때는 큰 에너지가 필요하다.

저속 기어를 넣고 천천히 자동차를 움직여야 한다.

하지만 일단 움직이기 시작해 가속이 붙으면 이번에는 멈추는 일이 힘들다. 브레이크를 밟아도 갑자기 멈춰서지는 않는다. 정지시키는 데 상당한 에너지가 필요한 것이다.

당연한 소리 같지만 조금만 더 생각해 보자.

첫 한 걸음이야말로 가장 큰 에너지가 필요하다.

이 사실의 중요성을 새삼 깨달을 것이다.

당신이 IT 분야에 갓 뛰어든 상황이라고 하자. 광범위하게 비즈니스를 펼쳐 나가고 있는 동종업계 회사를 보면 정말이지 에너지가 가득 넘치는 것처럼 보인다. '그에 비해 나는 고작 이 정도의 일을 하는 것만으로도 이미 숨이 차는데, 이래서 잘해 나갈 수 있을까' 하고 실망하는 경우가 있다.

그러나 그건 착각이다.

이미 달리고 있는 자동차는 쉽게 달릴 수 있다. 멈춰서 있는 자동차를 움직이는 일이 훨씬 큰 에너지가 필요한 법이니까.

당신이 대단하다며 동경하는 사람은 의외로 당신보다 한결 쉽게 일을 하고 있다.

그렇기 때문에 극단적으로 말하자면, 이미 비즈니스를 계속하고 있는 빌 게이츠의 하루보다도 앞으로 비즈니스의 첫발을 내딛으려 하는 당신의 하루가 훨씬 큰 에너지를 필요로 한다고 할 수 있다.

정말이다. 당신이 빌 게이츠보다도 대단한 일을 성취했다고 말해도 좋다.

'새로운 나'를 위한

준비 체조

이 첫걸음이야말로 가장 큰 에너지가 필요하다는 사실을 무시한 채 노력을 '균등 할당'으로 생각하기 때문에 잘 나아가지 못하는 것이다.

간단한 예를 들어보자.

당신은 영어가 조금 서툴다고 치자. 그래서 영어를 마스터하기 위해 100페이지 분량의 영어책을 열흘간 완독하리라 결심한다.

이런 경우에 보통 '하루 10페이지씩 보면 되겠군. 오늘은 딱 10페이지까지가 기준량이네'라고 생각한다.

그러나 이렇게 해서는 동기부여가 떨어져도 전혀 이상할 게 없다. 잠재의식은 여기에 반발하여 당신의 동기부여를 끌어내리기 때문이다.

계속 반복하지만 첫걸음이야말로 가장 큰 에너지가 필요하다. 그래서 처음 이삼 일은 하루에 3페이지 정도만 읽어도 충분하다. 대신에 그 적은 페이지를 정성스레 천천히 읽는다. 익숙해지면 모르는 단어도 감으로 의미를 판단하여 빨리 읽을 수 있게 되지만, 이 첫 몇 페이지만큼은 모르는 단어는 모두 사전을 찾도록 한다. 그리고 곧바로 다음으로 넘어가지 않고 그 적은 페이지를 몇 번이고 반복하여 읽는다.

말하고 보니 준비 체조 같다. 이를 통해 잠재의식은 '영어를 읽을 수 있는 나'라는 새로운 자신에게 '적응'하게 된다. 적응함으로써 안심한다. 안심하기에 점점 속도가 빨라지고, 처음에 느렸던 속도 때와는 생각할 수 없을 정도로 원활하게 읽어나갈 수 있게 된다.

이는 내가 직접 중학생 시절에 영어를 마스터하는 와중에 깨우친 방법이다. 이 방법을 깨우치기 전까지는 좀처럼 한 권을 끝까지 읽어내는 힘이 지속되지 않았는데, 이 방법으로 두꺼운 책도 완독할 수 있음을 경험으로 발견했다.

그리고 '왜 이 방법이 이렇게나 효과적인가' 하는 잠재의식적인 근거에 관해서는 한참이 지나서야 이해할 수 있었다. 근거는 잠재의식에 있기에 영어 습득만이 아니라 모든 것에 응용할 수 있다.

매우 간단한 방법이다.

시작은 반복해서 가능한 정성스레 천천히 한다.

오로지 이것뿐이다. 이 방법에 유의하면 잠재의식의 '현상 유지 메커니즘'을 달랠 수 있다.

이 방법을 이해하면 '앞으로 점점 가속이 붙어 나간다. 일단 가속이 붙으면 다음에는 멈추는 것이 어렵다'는 마음이 생겨 자신이 성취한 것이 아무리 작아도 우울해하지 않는다.

목표를 달성하기 위해
필요한 것

목표가 있으면서도 도중에 좌절하는 사람은 느닷없이 최고 속도 기어로 발진하여 엔진이 고장 난 것이다. 잠재의식이 '위험해!' 하고 제동을 건 것이라 할 수 있다.

그래서 다이어트를 하는 사람은 목표가 20킬로그램 감량이었다고 해도 처음의 1~2킬로그램 감량을 안정시키는 것에 시간을 할애해야 한다. 매번 다이어트를 실패하는 사람의 특징은 '1~2킬로그램 오차'라고 큰소리치며 단숨에 큰 목표만을 생각한다.

하지만 목표가 클수록 잠재의식의 '현상 유지 메커니즘'이 강하게 작용한다. 따라서 처음의 성과는 정말로 눈에 보이지 않을 만큼 근소한 정도가 좋다. 그러나 그 '근소함'이 실은 매우 큰 성과를 실현한다.

성공한 금연,
실패한 금연!

금연의 경우에도 이 사고방식은 중요하게 작용한다.

일주일간 금연했다. 하지만 어느 날 피우던 타성에 젖어 그만 한 개비를 피우고 말았다. 거기서 '아, 역시 안 되네' 하고 낙담하여 포기한다. 그러곤 이내 예전처럼 하루 스무 개비로 되돌아가 버린다.

이는 금연에 실패하는 사람의 전형적인 사고 패턴이다.

그런데 잘 생각해 보라.

무심결에 한 개비 피웠다고 해도 그때까지 하루 스무 개비나 피우던 사람이 일주일 동안 한 개비로 참았다는 말이 된다.

이 일주일 동안에 흡연량을 140분의 1까지 억제한 것이다. 겨우 한 개비 피웠다고 해서 대체 왜 '역시 안 되네'라고 생각하는가? 당치도 않다. 대성공이지 않은가.

그러니 이렇게 생각하면 된다.

'나는 흡연량을 고작 일주일 만에 무려 140분의 1로 줄였어! 이제 사흘만 피우지 않고 버티면 열흘에 한 개비니까 예전의 200분의 1까지 줄이게 되는 거라고!'

목표가 멀어 보이면 아무리 노력해도 초초한 마음이 들게 마련이다. 하지만 '처음의 작은 한 걸음 속에 목표 실현의 씨앗이 있다'는 생각을 가지고 아주 조그만 진보라도 해냈다는 사실을 기뻐하며 감사하라.

첫 시작은 시간을 많이 들여 가능한 천천히 반복하며 정성스레 해본다. 그렇게 하면 잠재의식은 안심한다. 안심하기 때문에 당신의 노력을 지원해주게 되고, 결과적으로 목표 실현의 속도는 당연히 가속이 쭉쭉 붙는다.

일단 그렇게 되면 이후에는 멈추는 일이 힘들어진다. 휴식을 취하거나 게으름을 피우는 쪽이 어려워지니까.

그래서 부자는 편하게 부자인 채로 있을 수 있는 것이다.

Action Plan

- 시작은 가능한 정성스레 천천히 한다.

- 평소보다 15분만 일찍 일어나 느긋하게 하루를 시작한다.

- 아침에 제일 먼저 하는 일이 간단하고 잡다해도 마음을 담아 정성껏 한다.

- 누군가와 이야기할 때 처음 5분간은 상대의 이야기를 잘 들어주는 자세로 일관한다.

- 중요한 거래를 하러 갈 때는 천천히 걷는다. 대지의 감촉을 즐기도록.

- 프레젠테이션 등을 할 때 이야기의 시작은 최대한 천천히 정성스레.

- 기획서는 도입 부분을 몇 번이고 퇴고한 다음 전체를 쓴다.

- 중요한 서류는 휙 흘려 버리지 말고 첫 부분만이라도 차분히 읽는다.

Therapy : 02

감 정 이 나

의   욕   은

왜   지 속 되 지

않   는   가   ?

감사의 마음은
형태로 만들어야 한다

나는 대기업의 샐러리맨으로 사회인의 첫걸음을 내딛었다. 벌써 이십 년 전의 일이지만, 사회인이 된 첫날 본부장이 신입사원에게 건넨 인사말 중에 기억나는 것이 있다.

"사회인이 된 여러분에게 한 가지 실행했으면 하는 것이 있습니다. 여러분을 지금까지 키워준, 대부분은 부모님이라 생각합니다만 그분들에게 여러분의 첫 월급으로 뭔가를 사서 선물하세요. 작은 동전지갑이든 손수건이든 뭐든 좋습니다. 어제까지는 학생이었으니 그저 '감사합니다'라는 말을 전하는 것만으로도 충분했습니다. 하지만 이제부터는 감사의 마음을 형태로 표현해야 합니다. 그것이 사회인입니다."

당시 내게는 솔직히 이 이야기가 별로 와닿지 않았다. '감사라는 것은 물건이 아니라 마음이 중요하지 않나? 사회인이 되었다고 해서 왜 꼭 물건으로 표현해야 하지?'라고 의문을 품었다. 입사 첫날에 특별히 새겨들을 의미가 있을 만큼 중요한 이야기로는 생각되지 않았던 것이다.

보통 이런 상사의 이야기면 무료하고 흔해빠진 내용이 대부분인데, 이 본부장은 카리스마와 따뜻한 인격, 뛰어난 실적을 지닌 사람이었던 터라 모두 빨려 들어가듯이 열심히 들었다. 그래서 의미는 잘 몰랐음에도 이 이야기가 줄곧 내 마음에 남아 있었다.

왜 감사의 마음을 동전지갑이나 손수건 등의 형태로 표현해야 하는 걸까? 몇 년간의 테라피를 통해 고객의 잠재의식과 마주하며 지금에서야 나는 이 이야기에 담긴 중요한 메시지

를 확실하게 이해했다. 거기에는 잠재의식에 관한 중요한 근

거가 있었던 것이다.

영화를 보고 감동한다!

하 지 만

내 또래의 남성이라면 잘 알 텐데, 예를 들면 영화 〈록키〉를 보고 감동한다. 흥분이 끓어오른다. '나도 미적지근한 하루하루를 살아서는 안 된다! 꿈을 가지고 노력해야지' 하며 자극을 받는다.

하지만 그것도 기껏해야 이삼 일 갈 뿐, 일주일만 지나면 완전히 원래의 자신으로 돌아온다.

〈부자 아빠 가난한 아빠〉를 읽고 깨달음을 얻어 '좋아, 이거라면 할 수 있어! 나도 부자가 될 거야' 하고 결심한다. 하지만 며칠이 지나고 보면 돈 같은 건 완전히 잊어버리고서 평소처럼 타성에 젖어 살아가고 있는 자신을 발견한다.

또다시 조금만 지나면 어김없이 지금의 자신이 하찮게 여겨져 다음의 새로운 자극을 갈구하며 신간 도서나 세미나를 찾아다닌다. 그 새로운 자극 역시 며칠만 지나면 식어 버린다.

이런 상황을 반복하는 중이다.

분명 모두 한 번쯤은 경험했을 것이다.

그런데 한편에서는 그 '흥분'을 계속해서 불태우는 사람도 있다. 〈록키〉를 보고 그 감동으로 권투를 시작했고 노력을 거듭해 마침내 챔피언이 된 사람도 있으며, 〈부자 아빠 가난한 아빠〉를 읽고 매일 그 가르침을 실천하여 큰 부를 쌓은 사람 또한 있다.

흥분이 이삼 일밖에 지속되지 않는 사람과 그 동기부여를 계속해서 불태우는 사람의 차이는 대체 어디서 나올까?

어째서 감정은
빨리 식는가?

동기부여를 지속시키지 못하는 사람은 반드시 한 가지 착각
을 한다.

감정은 내버려두어도 지속되는 것이라 믿고 있다.

아침 통근 버스에서 살짝 기분 나쁜 일이 있어 짜증이 나도
오후가 되면 까맣게 잊어버린다. 아무리 불쾌한 기분이라도
일주일씩이나 질질 끄는 모습은 보기 싫다.
그런 식으로 감정이라는 건 금세 사라진다.

열렬하게 사랑할 때 '이 사랑은 영원하다'고 말한다. 그 열기도 머지않아 사라지게 마련인데, '아냐, 이렇게나 좋아하니까 이 마음은 영원히 계속될 거야'라고 믿는다. 이런 사람일수록 마음이 식으면 금세 태도가 바뀐다. 그런 건 사랑이라 부를 가치가 없다. 일시적인 감정에 휘둘린 것뿐이다.

먼저 이 사실을 확실하게 이해하기 바란다.

감정은 내버려두면 사라진다.

왜 이 사실을 확실하게 이해해야 하는가 하면 그렇게 이해했을 때야 비로소 '내버려두면 소멸되는 감정을 어떻게 붙잡으면 좋을까' 하는 의문이 '당신의' 절실한 문제로 생겨나기 때문이다.

사라지는 감정을 붙잡는
유일한 방법

누군가의 전화번호를 들었다고 하자. 당신은 먼저 어떻게 하겠는가? 메모를 하거나 재빨리 휴대폰에 연락처를 등록할지 모른다. 그렇게 하지 않으면 분명 잊어버리니까.

이와 마찬가지로 기분이 고양되었을 때나 동기부여가 높아졌을 때도 그 감정이 사라지기 전에 비슷한 행동을 취해야 한다. 사라지기 전에 붙잡을 방법이 필요하다.

물론 메모를 하라는 말이 아니다.

사라지는 감정을 붙잡을 유일한 방법은 그 감정을 '행동'으로 바꾸는 것이다.

기분이 고양되면 그 감정을 그 자리에서 '행동'으로 바꿀 것.

동기부여를 계속해서 불태우는 사람은 어떤 책을 읽고 '이것은 굉장한 사고방식이다'고 생각되면 책을 덮음과 동시에 곧바로 실천한다. 그 자리에서 행동으로 전환하는 것이 습관이 되어 있기에 오히려 꾸물거리는 쪽이 마음이 불편하다.

동기부여가 지속되지 않는 사람, 독서가 기분전환 이상의 것이 안 되는 사람은 책을 읽고 자극을 받아도 '기대보다 좋은 책이야. 이 저자는 꽤 좋은 말을 하네'라고 생각만 할 뿐 그것으로 끝나 버린다. 기껏해야 '책에서 말한 것을 조만간 해봐야지' 하는 정도다.

당신도 알고 있듯이 '조만간'이라는 것은 좀처럼 찾아오지 않는다. 찾아오지 않을 '조만간'을 기다리고 있는 사이에 모처럼 고양된 기분도 식어 버린다.

바쁜 사람일수록

행동이 빠르다

다들 경험했겠지만 바쁜 사람일수록 문자 답장을 바로 보내준다.

문자 답장이 늦는 사람은 '미안해요, 바빠서…'라고 하지만 그런 사람일수록 사실은 한가하다.

정말로 바쁜 사람은 문자나 연락이 올 때마다 재빨리 처리하지 않으면 끝없이 밀려드는 일 속에 파묻혀 버린다. 따라서 바로바로 답장을 하지 않으면 마음이 불편하다.

그래서 바쁜 사람의 문자 답장은 곧바로 돌아오든가, 파묻혀 버려서 아예 오지 않든가 둘 중 하나다.

하지만 한가한 사람은 특별히 중대한 일이 없으니 잠시 방치해두어도 파묻히지 않는다. 따라서 '조만간 답장하면 된다'고 생각해도 별로 마음이 불편하지 않다.

며칠이나 지나 까맣게 잊었을 무렵에 겨우 답장이 온다. 한가하다는 증거다. 간신히 답장을 받은 쪽에서는 '어머, 나 잊고 있었는데'라고 생각한다.

마찬가지로 여기저기 이끄는 데가 많은 바쁜 사람일수록 감정을 곧장 행동으로 옮기는 일에 세심하게 주의를 기울인다. 매일 많은 업무를 처리해야 하기에 감정도 파묻히기 쉽다. 그 사실을 잘 알고 있기 때문에 마음에 전해진 것을 그 자리에서 행동으로 바꾸는 자세를 습관화하고 있는 것이다. 습관이 몸에 배어 있기에 거의 반사적으로 행동한다.

그런데 내버려두면 소멸되는 감정을 행동으로 바꾸면 왜 정착이 가능할까?

로또에 당첨되어도
부자가 될 수 없다

감정을 표현할 때 '나는 감동했다', '나는 상처받았다', '나는 설렌다'와 같이 말한다.

하지만 잘 생각해 보면 결코 '내가' 능동적으로 감동한 것은 아니다. 감동해야겠다고 생각해서 감동한 것이 아니라 '나 이외의 무언가에 의해 감동을 받았다'는 것이 사실이다.

만약 '내'가 능동적으로 감동했으면 언제든 자유롭게 감동할 수 있을 것이다. 따라서 감동의 감정은 사라지지 않는다. 필요한 때 언제든 마음을 분발시킬 수 있으니까.

그러나 현실에서는 그렇지 않다. '다시 한 번 분발해 보고 싶다'는 마음으로, 자극을 찾아 신간 서적이나 세미나를 찾아 돌아다니지 않는가? 기분전환하고 싶다며 영화를 보러 가곤 하지 않는가?

감정이라는 건 통상 '수동적'이다. 당신 이외의 무언가로 인해 당신은 '느낌을 받고 있는 것'에 지나지 않는다. 따라서 감정을 움직이게 해주는 '무언가'가 없으면 당신은 자신의 의지로는 감동하거나 분발할 수 없다.

로또에 당첨되었다고 하자. '부자가 되었다!'고 생각할지도 모르지만 이는 착각이다. '부자'라는 건 '원하는 돈, 필요한 돈을 언제든 만들어낼 수 있는 사람'을 말한다.

로또에 당첨되어도 그 당첨금을 다 사용했다면 그 사람은 더 이상 다음 돈을 만들어낼 수 없다. 고작 '또 로또에 당첨되었으면 좋겠다'고 비는 정도일 것이다.

사실 받기만 하는 사람은 결코 풍요로워질 수 없다. 주는 사람이 풍요로워진다.

이와 같은 말을 자주 듣는데 그 이유가 여기에 있다. 주는 것은 능동적이나 받는 것은 수동적이다. 또 받기를 기다리는 것밖에 못한다. 더 받을 수 있기를 바라기만 할 뿐이다. 참으로 무기력하지 않는가.

우연히 받은 것은 당신의 것이 아니다. 자신의 힘으로 획득한 것만이 당신의 것이다.

감정을 행동으로
바꾸는 의미

그런데 '나는 감동했다'고 말하지만 사실은 '나는 감동받았다'는 의미기 때문에 그 감동은 '주어진 것, 즉 받은 것'이다. 당신 뜻대로 할 수 없다.

감정은 수동적인 체험이다. 그러나 '행동'은 능동적인 체험이다.

물론 억지로 '행동하게 되는' 경우도 있다. 하지만 행동을 하고 안 하고의 최종적인 판단은 당신이 주체적으로 내리는 것이다. '납득이 안 되지만 하는 수 없어. 명령받은 대로 해야겠

다'고 판단하지만 실제로 행동으로 옮기는 주체는 당신 자신
이다.

그래서 '행동'은 능동적인 것이다.

내버려두면 소멸되는 감정을 행동으로 바꿈으로써 정착할 수
있는 건 왜일까?

그것은 바로 수동적인 체험을 능동적인 체험으로 조정했기
때문이다.

지금까지는 조수석에 타고 있던 당신이 이번에는 직접 '핸들
을 쥐게 된 것'이다. 땅끝마을에 가고 싶으면 운전해서 가면
되고, 주차장에서 휴식을 취하고 싶으면 언제든 그렇게 할 수
있다. 이 드라이브는 당신 자신의 것이 된다.

그 본부장의 '감사의 마음을 형태로 표현하세요'라는 가르침.
그 진정한 의미를 이해하는 힌트가 여기에 있다.

감사의 마음을 느낀다. '고맙다'고 느낀다. 하지만 이는 어디
까지나 '외부로부터 느낌을 받은' 감사에 지나지 않기에 며칠
만 지나면 사라져 버린다.

그러나 선물을 주는 능동적인 행동으로 바뀌면 그 '고맙다'는 감정을 당신 자신의 것으로 만들 수 있으므로 마음에 정착시킬 수 있는 것이다.

그 카리스마 본부장이 말하고 싶었던 것은 이것이 아니었을까. '감사함을 느끼면 그 감사를 형태로 표현하여 자신의 것으로 만들자. 반성했다면 반성을 형태로 표현하여 자신의 것으로 만들자. 동경을 느꼈다면 그 꿈을 형태로 표현하여 자신의 것으로 만들자.'

내버려두면 소멸되는 감정을 꼭 움켜쥐고서 자신의 것으로 만들려면 능동적인 행동으로 바꾸는 수밖에 없다.

고객을 만난 당일에 감사의 엽서를 써서 보낸다. 영업이나 서비스업에 종사하는 사람에게는 이런 행동에 주의를 기울이는 사람이 있다. 그런 엽서를 받은 고객 역시 당연히 기분 좋을 것이며, 담당 영업인의 서비스에 대한 인상 또한 강하게 남는다.

그런데 그들은 고객에게 좋은 인상을 심어주기 위해서만 엽서를 보내는 것이 아니다. '바쁘신 와중에 이야기를 들어주셔서 진심으로 감사하다'는 감사의 마음을 자기 자신의 것으로 만들어 마음에 정착시키기 위해, 감사의 마음을 '엽서로 쓴다'는 능동적인 행동으로 바꾸는 것에 신경 쓰고 있는 것이다.

사 랑 자 체 는

영 원 하 지 않 다

실제로 '감사의 마음'이라는 건 이런 식으로 훈련을 쌓아 나
가지 않으면 좀처럼 정착되지 않는다. '감사합니다.' 말로 하
는 건 쉽다. 누구나 할 수 있다. 그러나 그것은 진짜가 아니다.
금세 사라져 버린다.

감사의 마음을 느꼈다면 그 마음을 당장 그 자리에서 행동으
로 바꾸는 자세가 필요하다. 그런 노력이 필요하다.

결혼을 해서도 연애 초기 때의 사랑을 유지해 나가는 사람이
있다. 그들은 '사랑이란 게 영원하다'고 믿는 것이 아니다.

'이 소중한 사랑도 내버려두면 식어 버리겠지. 이 마음을 행

동으로 바뀌 나가는 노력을 게을리 하지 않아야 이 사랑은 비로소 영원할 거야.'

이런 마음을 무의식적으로 느끼며 그것을 실천하는 것이다. 그래서 그 사랑이 언제까지고 식지 않는 것이다.

한때의 감정에 휘둘려 기분이 고양되기만 한다면 인간이라 할 수 없다. 동물과 다를 바 없다. '사랑은 영원'하지 않다. 사랑을 영원하게 '만드는' 존재가 인간이다.

나는 사람에게 감사하고 사람을 사랑하며 사람을 헤아리는, 자신을 넘어 타인을 생각하는 따뜻한 마음은 '본능'이 아니라고 생각한다. 태어나면서부터 당연하게 갖추어져 있는 능력이 아니다. 인간으로서 노력하여 익혀 나가야 하는 것이다.

자신의 인생 목표를 지니고 꿈을 갖는 일은 누구나 할 수 있다. 하지만 그 꿈에 대한 동경을 계속해서 유지시키려면 노력이 필요하다.

당장 그 자리에서 마음을 '행동'으로 바꾸는 자세가 필요하다. 이 책을 그저 완독하는 것에만 그친다면 결국 하나의 자극을 즐기는 데서 끝난다. 아무리 얻을 교훈이 있음을 느꼈다고 하더라도 금세 사라진다.

그러므로 이 책을 읽고 조금이라도 '과연 그렇구나' 하고 느꼈다면 그 마음이 사라지기 전에 어떤 행동으로 바꾸길 바란다. 책을 덮자마자 그 마음을 행동을 통해 형태로 만드는 것이다.

Action Plan

- 기분이 고양되면 그 자리에서 '행동'으로 바꾼다.
- 감사의 마음을 작은 선물로 표현한다.
- '이거 좋은 아이디어네' 생각되면 당장 일곱 가지 활용 예를 생각한다.
- '이거 좋은 말이네' 생각되면 당장 대화 중에 사용한다.
- 책이나 영화에 감동했다면 일곱 명의 지인에게 추천한다.
- '그 사람은 어떻게 지내고 있을까' 그리운 마음이 들면 당장 전화한다.
- 실패하여 반성했다면 같은 실패를 반복하지 않기 위한 방법 일곱 가지를 생각한다.
- 갖고 싶지만 너무 비싸서 살 수 없다면 먼저 팸플릿만이라도 입수한다.

Therapy : 03

내   안   에

있   는

' 수 많 은   나 ' 를

배   려   하   라

당신 안에 있는
'수많은 당신'

당신의 잠재의식 속에는 수많은 '당신'이 있다.

알기 쉽게 예를 들면 '항상 건강을 신경 써주는 건강 담당의 당신'이나 '성공을 바라는 자기실현 담당의 당신', '돈과 일의 충실을 추구하는 경제 담당의 당신', '우정과 애정을 원하는 인간관계 담당의 당신' 등 수많은 '당신'이 뒤섞여 하나의 '당신'이라는 존재가 있다.

그래서 때로는 당신 안의 당신들이 모순되어 갈등으로 괴로워하는 경우가 있지 않은가.

독립하여 창업하고 싶어 좀이 쑤시지만 경제적인 불안이 당신에게 제동을 건다. 그렇다면 지금의 일을 계속할 것인가 하면, 역시 이대로는 안 된다는 초조함이 생긴다.

밑져야 본전이니 좋아하는 사람에게 고백하고 싶다. 하지만 역시 차일까봐 두려워 고백 못하겠다. 그러면 포기하느냐, 그 것도 못하겠다.

살 빼고 싶은데 먹고 싶다. 먹고 싶은데 살 빼고 싶다.

이런 끝없는 갈등 속에서 모순되는 여러 자신들의 균형을 잡으며 우리는 매일 살아가고 있다.

'뭐든 균형이 중요하다'는 말을 자주 듣는다. 그러나 정작 왜 균형이 중요한지 그 이유를 납득할 수 있도록 알려주는 사람은 없다. 그래서 균형이 중요하다는 가르침을 납득 못하는 것이다. 납득이 가지 않으니 애써 알려준 가르침도 실제 행동으로 연결되지 않는다.

잠재의식의 세계를 이해하면 이 균형이 얼마나 중요한지 당신은 분명하게 납득할 수 있다. 그리고 그것은 당신의 행동으로 연결된다.

잠재의식의 특징 중 하나로 '전체성'을 들 수 있다.

'전체가 사이좋게 서로의 손을 맞잡고 있는' 이미지를 머릿속에 그려보라. 그렇게 상상하면 확실하게 깨닫는 사실이 있다.

잠재의식의 세계에서는 어떤 한 가지만이 튀어 나가 성장할 수 없다.

즉 성장할 때는 전체가 사이좋게 어울린다는 말이다.

만약 당신이
백 명이라면?

당신의 잠재의식 속에는 수많은 '당신'이 있다. 어디까지나 만약이지만 백 명의 '당신'이 있다고 하자.

그리고 백 명 중의, 이를 테면 '경제를 담당하는 당신'만이 툭 빠져나가 성장하려고 한다.

그러면 다른 아흔아홉 명의 '당신'은 경제 담당의 당신을 끌어내리려고 한다.

아흔아홉 명의 '당신'에게 결코 악의가 있는 것은 아니지만 전체가 서로 손을 맞잡고 있기 때문에 그렇게 하지 않을 수 없다. '이봐, 다 같이 가야지' 하는 것이다.

제아무리 '경제를 담당하는 당신'의 동기부여가 높아도 1 대 99의 상황에서는 바람대로 이루어질 수가 없다. 순식간에 '경제 담당의 당신'은 서로 맞잡은 아흔아홉 명의 손에 의해 원래의 자리로 돌아간다.

잠재의식의 세계에서는 전원이 모여 성장한다는 것이 대전제를 이룬다. 연결된 손을 놓아서는 안 된다. 좋건 나쁘건 운명을 같이하는 것이다. '나만'이라는 이기주의 이론은 의식의 세계에서만 통용된다.

성장은

모두가 함께!

'돈이 전부다'를 외치며 다른 것은 무시한 채 어기차게 그것을 실현시키는 사람이 있다. 하지만 그런 사람은 목표를 달성했다 하더라도 머지않아 나락으로 떨어진다.

그런 유명인을 당신도 언론 기사 등을 통해 알고 있을 것이다. '저렇게 재능 많고 더군다나 열심히 노력하여 성공했으면서 왜 저런 바보 같은 짓을 해서 엉망으로 만들어 버렸을까' 하고 고개를 갸웃거린 경험 말이다.

그 사람의 인생을 되돌아보며 유년기가 어땠다, 부모의 애정이 어떻다 하면서 다양한 해석을 내놓는다. 그러나 잠재의식의 관점으로 말하자면 그 사람은 '전체성'의 규칙을 이해하지 않았을 뿐이다.

보기 드문 재능을 가졌고 피나는 노력까지 쌓아 나갔으면서도 단순히 잠재의식의 방식을 몰랐기 때문에 모든 보물이 마이너스로 작용해 버린 것이다. 안타까운 일이다.

의식의 세계에서 생각하면 어떤 한 가지만이 돌출하는 경우가 있을 수 있다. 하지만 잠재의식 세계의 방식으로 생각하면 원칙이 달라진다.

성장할 때는 전체가 어울려 사이좋게 향상된다.

이 원칙을 망각하거나 얕보면 어떠한 노력도 무용지물로 끝나 버린다.

왜

되돌아오고 마는가?

열심히 다이어트를 했는데 도로 원점으로 되돌아온 사람이
있다. 그런 사람은 어김없이 같은 사고방식을 취하고 있다.

"제게 있어 모든 악의 근원은 '뚱뚱하다는 것'입니다. 그러니까
살만 빼면 모든 일이 잘 풀릴 겁니다. 잠재의식이라든가 그런
건 아무래도 상관없습니다. 제발 살 좀 빠지게 해주세요! 어떻
게 하면 살을 뺄 수 있을지 알려주세요. 그거면 돼요."

나의 테라피를 받고 있는 동안 직접적으로 표현하지 않아도

이런 기분으로 이야기를 듣고 있다는 것이 확 느껴진다. '네. 알겠으니까 아무튼 살 빼는 방법이나 알려달라고!' 하는 마음이 '잔인할' 정도로 얼굴에 드러나 있다.

그런 사람도 조금씩 인생 전반에 마음을 돌린다면 그때 비로소 다이어트 효과도 나타나기 시작한다.

"체중은 아직 기대만큼 줄지 않았지만 어쩐지 매일이 즐거워졌습니다. 지금까지 짜증만 부리며 부모에게 대들곤 했는데, 거기서부터 바꾸지 않으면 안 된다는 생각에 착해지려 신경 쓰고 있습니다. 아, 그건 그렇고, 어제는 방 대청소를 했습니다. 여태 게으름을 피웠지만 하고 나니 정말로 기분이 좋습니다."

이런 말을 들으면 나는 안심한다. 잠재의식의 관점에서 보면 이 사람의 다이어트는 이미 성공한 것과 다름없다. 그 사람의 인생 전반이 '향상'되어 가기 때문이다. 따라서 다이어트 효과도 착실하게 나타난다.

'체중만'을 바꾸려고 하면 다른 아흔아홉 명의 당신이 그 다이어트를 끌어내리려고 한다. 일시적으로 성공해도 되돌아간다는 사실은 명백하다.

'흔한 일'이
아니다!

당신은 이렇게 생각하고 있을지도 모른다.

"그렇지만 다이어트에 성공하면 그것이 계기가 되어 다른 부분도 좋아지는 경우도 있지 않나요? 어떤 한 가지 일로 인해 자신감이 붙으면 다른 것에도 자신감이 생기는 것은 '흔한 일'인 것 같은데요."

그런 경우도 있다. 가능하다. 다이어트를 실현하려는 의지나 결의가 다른 아흔아홉 개의 힘의 저항을 이겨낼 만큼 강하다면 말이다.

하지만 적어도 '흔한 일'은 아니라고 생각한다. 어떤 사정으로 의사에게 '다이어트 안 하면 다음 달에는 반드시 죽습니다'라고 선고를 받았다거나 하는 그런 배경이 있으면 확실히 '초월적인 힘'으로 다른 아흔아홉을 들어올린다.

타인에게는 재현 불가능한 상황에 있는 사람이나 일부 의지가 유달리 강한 사람을 위해 이런 이야기를 하는 게 아니다. 누구나 안전하고 확실하게 목표를 실현하고 행복한 인생을 보내기 위한 방법론이 아니면 의미가 없다.

물론 당신이 '나는 아흔아홉 가지의 저항도 아랑곳하지 않는 강한 의지를 갖고 있다'고 말하는 사람이라면 그것은 굉장한 일이다. 굳이 내게 조언을 구할 필요가 없다.

시간이나 돈을 들일

필요 없다!

지금의 자신에게 만족하고 있어 더 이상 발전할 필요가 없는 사람이라면 이 잠재의식의 '전체성'이 마이너스로 작용하는 일은 없을 것이다. 그러나 자신을 더욱더 발전시키려거나 꿈과 목표를 실현하려고 노력할 때는 서로 손을 맞잡은 '친구'를 배려하지 않고서 당신이 향상되기가 무척 어렵다.

구체적으로 말하면 이렇다.

당신의 목표가 비즈니스에서의 성공이었다고 해도 부디 가족에게도 마음을 써야 한다. 패션 등 자신의 외모에도 신경을 써야 한다. 당연히 건강에도 충분히 관심을 기울여야 한다.

타인의 상담을 들어주는 것 역시 결코 쓸데없는 시간 낭비가 아니라는 사실을 알아야 한다.

비즈니스에 최대한의 노력을 기울이면서도 동시에 당신의 '인생 전반'을 조금이라도 끌어올리도록 의식하라.

물론 가능한 범위에서 말이다.

'그야 나도 할 수만 있다면 가족을 배려하고 싶지. 하지만 그럴 시간이 없다는 게 현실이다'고 말하는 사람도 있다. 혹은 '멋을 부리고 싶어도 돈이 없다'고 하는 사람도 있고, '타인의 상담을 들어주고 싶지만 잘 조언해줄 수 있을지 불안하다'는 사람도 있다.

그 마음은 이해한다. 의식의 세계에서는 얼마만큼 시간과 돈을 들이며, 얼마만큼 능숙하게 했는지가 결과를 좌우한다고 생각하는 게 상식이니까.

그러나 잠재의식의 세계에서는 시간을 얼마나 들이는지는 문제가 안 된다. 얼마만큼 돈을 들이는지, 얼마만큼 능숙하게 하는지도 문제가 안 된다.

그저 '얼마만큼 진지하게 마음을 썼는가'가 전부다.

따라서 가족을 만나는 잠깐의 시간밖에 가지지 못했다고 해도 '가족이 지탱해주고 있기에 이렇게 일할 수 있다. 감사하다. 일이 일단락되면 여행이라도 함께 가야지'라는 식으로 마음을 쓰는 것만으로도 의미가 있다.

'마음을 쓴다'라고 하면 뭔가 실체 없는 한때의 위안쯤으로 생각하는 사람이 있을지도 모르겠다. 하지만 잠재의식의 세계에서는 '진지하게 마음을 쓴다'는 것 이상으로 확실한 '실체'는 없다.

그러니 부디 '나는 그런 건 못한다'고 하지 말고, 하다못해 마음만이라도 인생 전반에 분배해 보라. 그러면 어떤 조건 속에 있더라도 분명 할 수 있다.

프로 운동선수든 기업가든 아티스트든 확실한 성공을 손에 쥐고 있는 사람은 일뿐만이 아니라 가족이며 건강이며 인간관계까지 인생 전반에 충실하다. 일이 성공한 이후에 그 다른

부분을 충실하게 챙겨온 것이 아니다. 매사 충실했기에 일이
성공한 것이다.

전 체 성 의

원 리

당신 안에 수많은 '당신'이 있고 그들 모두 손을 맞잡고 있다고
했지만, 그렇다고 그것이 반드시 당신에게 나쁘지만은 않다.

수많은 당신 중 한 명이 어떤 사정으로 우울해한다고 해보자.
어떤 문제로 재산을 몽땅 날려 버렸다.

그런 상황에도 잠재의식 안에서는 모두가 손을 맞잡고 있기
때문에 경제 담당의 당신만을 혼자 우울하게 만드는 일은 허
락하지 않는다. 아흔아홉 개의 힘이 우울해하는 당신을 고양
시킨다.

경제 담당이 우울해해도 인간관계 담당이 도와줄 사람 곁으

로 당신을 이끌거나 건강 담당이 당신에게 기력을 주는 상황을 만들어줌으로써 경제 담당이 다시 회복하기까지 최대한의 지원을 해준다.

알아차리지 못하고 있을 뿐 그런 일은 정말로 일어나고 있다. 경제 담당 한 명이 우울해할 때 모두가 똑같이 우울해지면 다시 일어설 방법이 없다. 당신이라는 인간은 영원히 파탄 나고 만다.

잠재의식의 전체성의 원칙에 지탱되고 있기에, 인생의 말썽거리로 드러눕게 되어도 당신은 다시 일어날 수 있는 것이다. 굉장한 일이라 생각되지 않나?

우리는

연결되어 있다!

자, 지금까지 잠재의식의 '전체성'의 원칙을 설명했다. 이 이
야기는 이제 조금 다른 각도에서도 생각해 볼 수 있다.

영혼의 시대라 불리는 요즘. 대부분의 사람은 물질만이 아니
라 영혼의 풍요로움을 요구한다.

진정한 의미의 부자나 존경할 수 있는 사람의 성공 스토리에
귀를 기울여 보라. 사용하는 언어는 달라도 분명 모두 '영혼
의 중요성'을 이야기할 것이다. 그리고 그런 사람들은 반드시
이렇게 말한다.

주위 사람을 풍요롭게 해줘야 당신도 비로소 풍요로워질 수 있다.

당연히 겉만 번드르르한 이야기가 아니다.
또한 잠재의식적으로 봐도 이 가르침은 논리적이다.
우리 전체는 깊은 곳에서 '연결'되어 있다. '연결되어 있다'는 것은 우리 전체를 포괄하는 어떤 힘이 작용하고 있다는 말이다. 우리 한 사람 한 사람은 그 큰 존재 속의 일부다.

"영혼은 안 믿지만 융의 '집합적 무의식'이라면 납득할 수 있다."

이렇게 말하는 사람은 본인이 매일 직접 체험하는 것은 믿지 않으면서 저명한 학자의 권위는 받아들인다. 신념이 없는 사람임에 틀림없다.
조금이라도 주체적으로 인생을 살아온 사람이라면 물질적인 신체를 초월해 우리는 연결되어 있음을 누구나 인생의 경험을 통해 느낄 것이다.

이 말은 잠재의식의 '전체성'의 원칙은 개인의 내면만이 아니라 인간 전체를 관통하고 있음을 의미한다.

'경제 담당의 당신'만이 돌출할 수 없었던 것처럼 당신만 행복해지거나 풍요로워지는 것은 영혼의 시대에 있어서는 있을 수 없는 일이다.

그렇기 때문에 주위 사람이 행복해지지 않으면 자신도 행복해질 수 없다.

주위 사람의 풍요로움이 당신의 풍요로움의 토대다. 모두의 행복이 당신 행복의 토대다. 인생 전반을 향상시킴으로써 비로소 당신의 경제나 다이어트가 성공한 것처럼 주위 사람을 행복하게 해줘야 당신의 행복이 확실해진다.

이 원리는 쉽게 이해할 수 있다.

당신의 가족, 이를 테면 당신의 자녀가 '죽고 싶다, 살아도 아무 의미가 없다'며 우울해하고 있다면 당신은 행복해질 수 있겠는가. 서로 다른 신체니 자녀의 행복과 자신의 행복은 별개라고 생각하는가?

그렇지 않다. 아무리 일이 잘 풀려도, 아무리 돈을 많이 벌어도, 아무리 이성에게 인기가 많다 한들 진정으로 기쁜 마음이 들겠는가.

머지않아 자녀가 기운을 되찾아 '산다는 건 즐겁다! 정말로 나는 행복하다'고 생각한다면 그때서야 겨우 당신도 행복해지지 않을까.

당신의 행복은 가족의 행복이 토대다. 가족의 행복 없이 당신의 행복은 존재하지 않는다.

'가족의 마음'에 전체성이 있다면, '인류의 마음'에도 전체성이 있지 않을까. 없다고 단언할 수 있나?

우리는 역시 연결되어 있는 것이다.

Action Plan

- 언제나 인생 전반에 마음을 쓴다.
- 지금까지 전혀 흥미가 없었던 분야의 책을 읽는다.
- 가족 사진을 꾸며본다.
- 일이 일단락될 때마다 당일치기로 소박한 여행을 한다.
- 고서점을 둘러본다.
- 한 달에 한 번은 처음 자리하는 사람과 한잔하러 간다.
- 사람을 만나면 반드시 한마디 칭찬을 해준다.
- 특별한 날이 아니어도 아내에게 꽃다발을 사서 퇴근한다.

Therapy : 04

방 황 할 때

도 움 되 는

단 한 마 디

잠재의식은 끊임없이
답을 찾는다

깜빡 잊어버렸다는 말을 할 때가 있다. 분명 알고 있는 건데도 생각이 안 난다.

친구와 잡담을 나누다가 그리운 1980년대의 한 아이돌 이야기가 화젯거리가 되었다. 하지만 당신도 친구도 그 아이돌 이름이 머릿속에서 맴돌며 도무지 생각이 안 난다.

"분명 '김'으로 시작하는 이름이었는데 뭐였더라… 김지수? 아니, 다른 이름이었는데…."

둘이서 이리저리 머리를 쥐어짜지만 아무리 생각해도 떠오르지 않는다. 결국 떠올리지 못하고 다른 화제로 흘러간다.

그런데 친구와 헤어진 뒤 집에 돌아와 혼자 목욕을 하다가 불현듯 그 이름이 나온다.

'아, 김지영이었지!'

생각해내려고 그렇게 노력할 때는 떠오르지 않더니 그 화제를 완전히 잊어버린 순간에 정답이 툭 날아든다.

혹은 뭔가 아이디어를 내려고 책상에 앉아 있을 때는 아무것도 떠오르지 않다가도 '잠시 쉬었다가 할까' 싶어 일을 잊고 산책을 나섰다가 돌연 좋은 안이 떠오를 때도 있다.

이런 경험은 누구에게나 한 번쯤 있을 것이다. 까맣게 잊었을 무렵 별안간 답이 떠올라 놀란 적이 당신에게도 분명 있을 것이다.

여기서 내가 하고 싶은 말은 다음과 같다.

의식이 생각하는 것을 이미 오래전에 멈춘 뒤에도 잠재의식은 계속해서 답을 찾고 있다.

그리고 이 부분이 아주 중요한데, 의식과 달리 잠재의식은 답을 발견할 때까지 결단코 멈추지 않는다는 사실이다.

의식에서는 '아이돌 이름 같은 건 아무래도 상관없으니까 이제 됐어'라고 생각해도 잠재의식은 그저 한결같이 성실하고 우직하게 계속해서 답을 검색한다. 적중하기 전까지는 언제까지고 검색을 계속하는 것이다.

잠재의식은 그런 특징이 있다.

'의욕이 안 생기는 사람'이
하고 있는 생각

그런데 여기서 잠시 생각해 보자.

잠재의식은 답을 발견할 때까지 언제까지고 답을 계속해서
찾는다.

이렇게 말했는데 그렇다면 절대로 답이 안 나오는 질문을 잠
재의식에게 던지면 과연 어떻게 될까?
의식은 당연히 '이쪽은 중요한 질문이고 저쪽은 어떻게 되든
상관없는 질문'과 같이 구별 지을 수 있다. 하지만 잠재의식

에게는 아이돌 이름이건, 업무에 관한 아이디어건, 생과 사의 선택이건 질문은 질문이다. 그렇기 때문에 열심히 답을 찾으려 애쓴다. 잠재의식에는 솔직하고 헌신적인 반면 융통성이 없는 부분이 있다.

따라서 답이 나올 리 없는 질문에 대해서도 잠재의식은 답을 찾기 위해 끝없이 쓸데없는 노력을 할애한다.

그런 무의미한 질문이 매일 몇 개나 잠재의식 속으로 던져지면 어떻게 될까? 쉽게 상상이 가지 않는가.

그 대단한 잠재의식도 결국 지치게 된다. 쓸데없는 활동에 자원이 탕진되어 막상 유의미한 활동을 하려고 해도 할애할 수 있는 에너지가 남아 있지 않는 경우가 발생한다.

그렇게 되면 자신도 모르는 사이에 '왠지 의욕이 안 생기네' 하는 중대한 심리 상태에 빠져 버리는 것이다.

잠 재 의 식 도

지 친 다 !

"아무리 노력해도 의욕이 안 생겨요. 이상하게 금세 지쳐요."

나는 테라피스트로서 많은 사람의 심리 문제에 관여해왔는데 이렇게 말하는 사람이 참으로 많다. 특히 열성적이고 한창 때여야 할 젊은 사람에게서 말이다. 질병과 같은 신체의 문제로 피로해진 것도 아니고 마음이 우울해질 만큼 큰 사건이 있었던 것도 아닌데, 그저 이유 없이 마음에 힘이 솟아나지 않는다. 그런 사람에게는 공통되는 특징이 있다.

바로 답이 나올 리 없는 문제를 스스로에게 던지고 있다는 것이다.

'대체 왜 나는 뭘 해도 안 되는 걸까?' 이런 질문은 결코 답이 나오지 않는다.

당연히 나올 리가 없다. '뭘 해도 안 된다'는 잘못된 정보가 전제로 되어 있는 질문이니까. 왜냐하면 '뭘 해도 안 된다'일 리가 없다. 내가 딱히 그런 사람을 위로하려는 게 아니다. '뭘 해도 안 될 리가 없기' 때문에 그렇게 말할 뿐이다.

당신은 지금 걸을 수 있고 말할 수 있으며 호흡도 할 수 있다. 정말로 '뭘 해도 안 된다'면 애초에 이 나이까지 살아올 수 있었겠는가? 지금 살아 있다는 것은 오늘까지 생존해왔음을 의미한다. '뭘 해도 안 된다'면 살아남았을 리가 없다.

그런 명백한 모순을 깨닫지 못한 채 그 사람은 '왜 나는 뭘 해도 안 되는 걸까' 하고 불평만 해댄다. 그리고 그것이 아예 습관이 되어 버렸다. 하지만 감정을 담아 그렇게 불평한 그 순간부터 잠재의식은 '내가 뭘 해도 안 되는 건 왜일까? 좋아, 답을 찾아보자'며 우직하게 답을 찾아 움직인다.

이해가 가는가? 잠재의식은 답을 찾을 때까지 멈추지 않는다!

하지만 앞에서 말했다시피 그런 질문은 아무리 찾아도 답이 나오지 않는다. 잠재의식은 그저 무의미하게 에너지와 자원을 영원히 낭비하게 된다.

그 결과로 '아무리 노력해도 의욕이 일어나지 않아요. 이상하게 금세 지쳐요' 하는 상태만이 남는다.

당연하지 않겠는가. 의욕 역시 나올 리가 없다.

나 도

그 랬 다

시험 삼아 당신 주위의 의욕 없는 사람이 사용하는 말투에 귀
를 기울여 보라.

"어째서 뭐 하나 제대로 되는 게 없지?"
"저 녀석은 대체 왜 항상 나를 의심하는 거야?"
"어째서 아빠는 날 조금도 이해해주지 않는 걸까?"
"왜 나는 모두에게 사랑받지 못할까?"
"팀원은 왜 이렇게 바보 같은 놈들뿐일까?"

분명 이런 말만 하고 있을 것이다.

이런 사람은 주위에 꼭 있다. 아니, 경우에 따라서는 주위는 물론이거니와 지난날의 당신 자신이 그랬을지도 모른다.

부끄럽지만 내가 그랬다.

잠재의식의 힘을 얼마나 자기파괴적으로 사용해왔는지 지금 되돌아봐도 무서울 정도다.

그렇기 때문에 반드시 진지하게 생각해 보았으면 한다.

우리의 머릿속에는 하루에 5만 개 정도의 '생각'이 떠오른다고 한다. 언제나 대답이 안 나오는 질문만을 스스로에게 해대는 습관이 있는 사람은 극단적으로 말하면, 하루에 5만 개의 쓸데없는 작업이 잠재의식 속에서 발생한다는 말이 된다. 그리고 그 작업은 영원히 멈추지 않으므로 다음 날에는 10만 개가 되고, 그 다음 날에는 15만 개가 된다. 생각만 해도 오싹하지 않은가.

아무리 잠재의식의 힘이 위대하다고 해도 그렇게 가다가는 건강하고 행복한 하루하루를 보낼 수가 없다.

잠재의식을
바꾸는 작은 비결

그렇다면 그런 불평이 습관이나 버릇이 든 사람은 어떻게 해야 할까?

결론부터 말하자면 꾸준히 새로운 습관을 다시 들여 나가는 수밖에 없다. 이를 테면 '어째서 나는 뭘 해도 안 되는 걸까'라고 생각하거나 입 밖으로 내뱉던 것을 다음과 같이 바꿔 말해 보는 것이다.

'나는 무엇을 제대로 할 수 있을까?'

이렇게 하면 잠재의식도 바뀐다. 진심으로 그렇게 생각하지 않아도 말을 의식하여 바꿔 보기만 해도 변하기 시작한다.

실제로 이 두 문장을 비교해 보는 것만으로도 마음에서 뿜어져 나오는 에너지가 제법 다르다는 것을 확실히 느낄 수 있다.

의미적으로 보면 두 문장은 같은 말을 하고 있다. 하지만 잠재의식에 있어서는 전혀 다른 질문이 된다.

'나는 무엇을 제대로 할 수 있을까?'

이 질문에 잠재의식은 이렇게 생각한다.

'나도 멋지게 잘해낼 수 있을 만한 일이 있을 거야. 좋아, 찾아보자!'

앞서 말한 대로 잠재의식은 답을 찾을 때까지 결코 멈추지 않기 때문에 '이거라면 분명 나도 잘할 수 있을 것이다' 하는 어떤 아이디어를 반드시 끌어낸다.

'패션에 흥미가 있으니 브랜드숍에서 아르바이트 자리라도

찾아볼까?'

'수중에 자금은 없지만 소규모의 온라인 쇼핑몰이라면 창업
할 수 있을지 몰라.'

'먼저 뭔가 자격증이라도 따서 자신감을 가져볼까?'

이런 식으로 얼마든지 할 수 있는 계획안이 떠오른다.

그리고 납득할 수 있는 답을 발견했을 때 비로소 잠재의식은
검색을 멈춘다.

멈추기 때문에 새로운 활동을 향해 자원을 개방할 수 있다.

그래서 긍정적인 사람일수록 계속해서 많은 문제에 몰두해도
정신적으로는 거의 지치지 않는다.

다음 기회란
없다

그러면 당신은 분명 이렇게 생각할 것이다.

'그런 건 상식이니 충분히 이해해요. 그래서 말의 사용 방식, 사고방식이 긍정적이고 생산적이 되도록 항상 신경 쓰고 있습니다. 새삼 새로울 것도 없네요.'

어쩌면 그럴지도 모른다.
하지만 실은 지금까지의 이야기는 복선에 지나지 않고, 내가 전하고 싶은 메시지는 다음의 내용이다.

어느 날 당신에게 큰 성공으로 이어질지도 모르는 기회가 찾아왔다고 하자. 물론 실패의 가능성도 충분히 있다. 당신은 고민할 것이다. 고민한 결과 다음의 판단을 내렸다.

'좀 두렵네. 아직 나는 준비가 안 된 기분이 들어. 다음 기회까지 기다려야지.'

결국 당신은 'NO'라고 말한다.
물론 두려운 마음이야 이해하지만, '다음 기회' 같은 건 좀처럼 찾아오지 않는 것이 인생이라…. 뭐, 어찌됐건 당신은 찾아온 기회를 잡지 않았다.
당신의 마음 뒤편에서는 'YES라고 말했다면 엄청난 기회였을지도 모르는데' 하는 생각이 남는다. '했다면, 어쩌면 크게 성공했을지도 모를 거야' 하는 결론 없는 생각이 어중간하게 남는다.
이제 나의 말이 이해되는가. 그렇다.

이 생각이 잠재의식 안에서 존재하지 않은 답을 찾아 영원히 움직이기 시작한다.

당신은 'NO'라고 말하며 기회에서 벗어났다. 실제로 해보지 않았기에 성공과 실패의 답 같은 건 당연히 어디에도 없다. 그래서 잠재의식에 있어서는 '어쩌면' 하는 숨겨진 마음을 품는 그 자체가 영원히 무의미한 검색의 계기가 되는 것이다.

뜨겁게 사랑했던 연애의 추억보다도 '용기를 내어 그 사람에게 고백할 걸 그랬다' 하는 '어쩌면 성취했을지도 모를 사랑'이 반복해서 마음에 쉽게 떠오르는 것도 이 때문이다. 다들 머릿속에 떠오르는 무수한 경험들이 있을 것이다.

일단은
YES로

이번에는 반대로 만약 당신이 용기를 내어 찾아온 기회에 'YES'라고 말했다고 해보자.

그런데 안타깝게도 그 도전은 실패로 끝났다. 결과가 참담해서 '아, 그만둘 걸 그랬다'며 머리를 감싸고 후회했다고 치자. 뭐 이 또한 인생이지 않은가.

의식으로 생각하면 '그만둘 걸 그랬다'는 생각은 당연하다. 하지만 잠재의식으로 생각해 보면 전혀 다른 해석이 가능하다.

도전한 결과 '노력했지만 안 됐다'는 결론이 사실로 나온 것, 이 자체가 큰 수확이다.

왜냐하면 이로 인해 잠재의식은 '어쩌면 성공했을지도' 하는 물음의 답을 찾아 분주하게 뛰어다닐 필요가 없어졌기 때문이다. 그렇기에 쓸데없는 데 에너지를 할애하지 않고서 당신은 다음의 새로운 도전을 향해 잠재의식의 자원을 전력으로 활용할 수 있다.

잠재의식의 관점으로 보면 '잘됐을지도 모른다'는 생각보다도 '잘 안 됐다'는 깨달음이 훨씬 생산적이다.

물론 'YES'라 말한다고 해서 실패한다고는 할 수 없다. 성공할지도 모른다. 그렇지만 'NO'라고 말하고서 성공할 수는 없다. 어떤 복권도 구매하지 않으면 당첨이 안 된다.
결국 'NO'라고 한다면 실패도 성공도 맛볼 수 없다는 말이다. 하지만 'YES'라고 말하면 어느 쪽으로 넘어지든 적어도 잠재의식적으로는 확실히 플러스로 작용한다.

망설이고 있다면 'YES'라고 말할 것.

이 마음가짐이 무척 중요하다.

해보지 않은 일이 있다면 용기를 내어 도전해 보라.

좋아하는 사람이 있다면 두려워도 괜찮으니 고백해 보라.

갖고 싶은 것이 있다면 먼저 '갖고 싶다'고 말해 보라.

부디 'YES'로 한 걸음을 내딛어라.

큰 성공을 거둔 사람이 실패의 수나 규모 또한 월등하다는 사실을 당신도 이미 알고 있을 것이다.

'했다면 성공했을지도 모른다'는 달콤한 환상으로 잠재의식의 자원을 낭비할 바에는 오히려 도전하여 당당하게 괴로운 실패에 직면하는 편이 낫다.

좋은 결과가 나오건 나오지 않건, 항상 전진할 수 있는 사람은 실패의 이 진정한 의미를 이해하고 있다.

Action Plan

- 망설이고 있다면 'YES'라고 말한다.

- 당신이 망설이고 있다면 라이벌도 망설이고 있다. 먼저 'YES'라고 말하는 사람이 WIN.

- 세일즈맨의 이야기라도 시간이 있다면 먼저 들어본다.

- 모임이나 파티 초대에도 가능한 'YES'라고 말하며 참가한다.

- '또 조만간'이라고 할 바에야 오히려 단호하게 'NO'라고 말한다.

- 찾아온 기회에 'YES'라고 말하는 것은 도박이 아니라 '투자'라고 생각한다.

- 매력적인 일이 타진되면 'YES'가 먼저. 여러 가지 세부 조정은 그 다음에.

- 답 없는 고민은 백해무익함을 생각한다.

Therapy : 05

과   거   도

미   래   도

바   꾸   는   힘

당신은

납득할 수 있는가?

아무리 뛰어난 번역가라도 영어 소설을 완전하게 한국어로 전환하기는 어렵다.

컴퓨터 등 엔지니어 관련 문헌의 기술 번역이라면 그다지 문제는 없다. 같은 '컴퓨터 세계'의 사고방식을 각각의 언어로 옮기기만 하면 되니까.

그러나 조금이라도 인간이나 문화가 관계되는 것이라면 완전한 번역이란 불가능하다. 인간은 컴퓨터와 달리 한 사람 한 사람 모두 다르다. 하물며 문화에 큰 차이가 있다는 사실은 명백하다. 근본적으로 다른 것을 전혀 다른 세계의 틀 안에서

전하는 것이기에 어렵다. 단순히 언어만 전환하면 되는 게 아니다. 뉘앙스나 의미의 미묘한 차이의 틈을 메우기 위해 번역상 타협할 수밖에 없는 부분이 반드시 생긴다.

마찬가지로 잠재의식을 의식의 말로 설명하려고 하면 항상 곤란함이 수반된다. 잠재의식의 세계와 의식의 세계는 근본적으로 다른 세계기 때문이다.

눈에 보이지 않는 잠재의식 세계의 방식을, 오감으로 확인할 수 있는 의식 세계의 논리에 맞추어 설명하는 것은 마치 자동차 수리공의 기술 내용을 국수집의 일을 예로 들어 설명하는 것과 같다. 기껏해야 비유담일 뿐 '암시하는' 정도에서 그친다. 듣는 쪽도 '막연히 느껴보는' 정도가 최선이다.

그러므로 지금부터 할 이야기도 당신에게는 모순된 해설로 받아들여질지도 모른다. 얼마만큼 선입견을 배제하고서 열린 마음으로 읽을 수 있는지가 포인트이다.

왜 이와 같은 서두를 늘어놓는가 하면, 지금부터 이야기할 잠재의식의 원칙은 납득할 수 있는 사람에게는 수월하겠지만,

받아들이지 못하는 사람에게는 끝까지 받아들일 수 없기 때문이다.

논리대로 생각하면 아무래도 황당무계한 느낌이 든다. 하지만 '로마에 가면 로마법을 따르라'는 말처럼 잠재의식의 세계에서는 잠재의식의 방식에 따르지 않으면 안 된다.

도저히 납득이 안 되는 사람은 어디까지나 한 예로서의 '옛날이야기'로 생각하고 읽으면 좋겠다.

과 거 는

바 꿀 수 있 다 !

먼저 이해하기를 바라는 원칙은 이것이다.

잠재의식의 세계에는 시간이 존재하지 않는다.

특별히 철학적인 이야기를 하려는 것이 아니다. 부디 이 사고
방식을 논리가 아닌, 감정을 통해 당신의 마음에 침투시키게
끔 해보라.

시간이라는 사고방식은 의식 세계의 산물이다. 잠재의식의
세계에는 시간이라는 것이 존재하지 않는다. 구태여 말하자

면 '지금 이 순간'밖에 없다는 말이다.

이미 지나가 버린 일도 앞으로 찾아올 일도 '지금 이 순간' 당신 눈앞에 파노라마처럼 확 펼쳐져 있는 듯한 이미지이다.

이는 과거도 미래도 '지금 이 순간'의 당신에 의해 바뀔 수 있음을 의미한다.

'과거는 지나간 일이니 바꿀 수 없는 거 아닌가'라고 생각하는가?

과거에 크게 실패했다. 하지만 이후 이를 악물고 다시 일어나 대성공을 거두었다. 이런 경우 당신은 '그 실패가 있었기에 열심히 할 수 있었다. 그 실패야말로 내게 성공을 가져다주었다'며 감사해하지 않는가?

그렇지만 만약 '지금 이 순간'의 당신이 과거의 고통스러운 일에 불쾌한 생각을 품은 채 그로부터 아무것도 배우지 않았다고 한다면 그 일은 변함없이 '싫은 일'로 남을 것이다.

즉 '지금 이 순간'의 당신으로 인해 과거 일의 의미가 완전히 바뀌어 버린다는 말이다.

과거는 바뀔 수 있다.

"하지만 그건 과거 일의 '의미'가 바뀐 것뿐이지, 과거의 '일 자체'가 바뀐 것은 아니잖아요? 그건 과거를 바꿨다고 할 수 없습니다."

당신은 이렇게 말할지도 모른다.
그러나 당신에게 중요한 것이 '일 그 자체'인가?
과거에 고통스러운 일이 있었다는 객관적인 '사실'이 중요하고, 거기서 자신이 무엇을 배웠는가 하는 주관적인 '의미'는 그 다음의 일인가?
아니다. 당연히 '의미'가 더 중요하다.
그런데도 중요한 쪽이 진짜가 아니고 중요하지 않은 쪽이 진짜라고 말할 수 있는가?
의식 세계의 사고방식으로 보자면 객관적인 '일 자체'가 '진짜'며, 그 일이 지닌 '의미'는 실체 없는 '한때의 위안' 같은 것일지도 모른다. 그러나 잠재의식의 세계에서는 '일 자체'보다도 그 일에 동반되는 주관적인 '의미'야말로 '진짜'인 것이다.

미래도
바꿀 수 있다!

"지금의 자신에 따라 과거의 의미가 바뀐다는 말은 이해합니다. 하지만 아직 일어나지 않은 미래도 '지금 이 순간'에 존재하고 있다는 말은 지나치게 초자연적인 느낌이 듭니다."

이렇게 말하는 사람도 있을 것이다.

그러나 잠재의식 세계에서는 이른바 '미래'도 '지금 이 순간'에 있으며, 미래는 '지금 이 순간'의 당신이 하는 대로 바뀐다.

의식 세계의 상식으로 보면 '내가 런던에 간다'고 생각한다.

당신은 티켓을 구매해 공항으로 이동하여 열두 시간 정도 비행기를 타고 가서 런던에 내린다.

하지만 동시에 잠재의식의 세계에서는 '런던이 내게 온다'고 생각한다. 런던이 당신에게 찾아오기 때문에 당신은 런던에 가야겠다고 결심하여 티켓을 구매해 비행기를 타고서 런던으로 향한 것이다.

마찬가지로 의식 세계에서는 '내가 성공했다'고 생각하지만, 잠재의식 세계에서는 '성공이 내게 왔다'고 생각한다.

'성공이 내게 왔다'는 것은 내가 성공하기 이전에 이미 성공은 존재하고 있었다는 말이 된다.

잠재의식의 '지금 이 순간' 속에 이미 존재하고 있는 '성공'이 당신에게 이끌려오게 된다는 의미다.

행복이 다가오는 일도 있을 테고 불행이 이끌려오는 일도 있을 것이다. 풍요로움이 다가오는 일이 있으면 골칫거리가 접근해오는 일도 있다.

한마디로 '지금 당신 본연의 모습'에 어울리는 것이 당신 가까이 다가온다는 말이다.

'지금 당신 본연의 모습'에 의해 과거의 의미가 바뀐 것처럼
'지금 당신 본연의 모습'에 따라 당신에게 어울리는 일이 다
가온다.

'다가온다'나 '끌어당겨진다'는 말투를 사용하다 보니 거기에
시간의 경과가 존재하는 것처럼 생각되겠지만, 잠재의식 세
계에는 시간이 없다. '지금 이 순간'밖에 없다.

그것이 의식의 세계, 다시 말해 객관적인 물질의 세계에 뚜렷
이 나타나 형태가 되기까지는 시간이 걸린다. 그러나 잠재의
식의 세계에서는 이미 실현되어 있는 것이다.

"지금 이 순간의 자신 본연의 모습이 모든 것을 결정하는군
요. 그 사고방식을 저도 동감해요. 심리 공부를 한 경험이 있
는 사람이라면 그런 이야기는 상식이거든요."

이렇게 말하는 사람이 있다.

그러나 그런 말을 한 그 입으로 '나는 가혹한 가정에서 자라

서 이런 내가 되었어', '앞으로 일이 잘 풀릴지 어떨지 불안하다'고 불평한다. 과거의 원한이나 미래의 불안을 내뱉으며 어떤 모순도 느끼지 않는 것이다.

'잠재의식에는 과거도 미래도 없다'는 사실은 잘 알고 있다고 말했으면서 말이다.

그래서 잠재의식 세계의 방식은 단순히 '사고방식'으로서가 아닌, 당신의 삶의 방식에까지 이루어져야 한다.

아무리 영적인 책을 읽고 정신세계 관련 세미나를 다녀도 당신의 삶의 방식 그 자체가 잠재의식의 방식에 준하는 형태로 바뀌지 않으면 아무 의미가 없다.

'없는' 것은
'없다'

한 가지 덧붙이고 싶은 이야기가 있다.

잠재의식에서는 '없는 것'은 이해하지 못한다는 규칙이 있다.

'~가 없다'는 개념은 의식 세계의 산물이다. 잠재의식은 '있는 것'만 이해한다.

만약 내가 다음과 같이 말한다면 당신은 어떻게 느끼겠는가?

"내 방 침대 옆 테이블에는 꽤 오래전부터 핑크색의 낡은 돼지 인형과 하와이에 갔을 때 현지에서 만난 인도인과 찍은 기념사진, 그리고 필리핀에서 무려 50만 원이나 값을 깎아 구입

한 화려한 금색 장식품이 장식되어 '있지 않습니다.'"

어이가 없는가? 어쩌면 내가 무슨 말을 하고 싶어 하는지 이해가 안 되어 짜증이 날지도 모른다.

지금의 예시는 확실히 극단적이긴 하나, '~가 없다'는 말투는 '개념상의 놀이'에 지나지 않는다는 사실을 알아주었으면 한다. 실질적으로는 아무것도 의미하지 않는다.

같은 논리대로 당신이 다음과 같이 말했을 때 잠재의식은 이해하지 못한다.

긴장하지 '말고' 이야기하자.

이만큼이나 했는데 100만 원밖에 이윤이 '안 남는' 건가.

용기가 '없어서' 도전할 수 '없다'.

잠재의식은 당신을 위해 무엇을 해야 좋을지 전혀 이해 못하기 때문에 멈춰 버린다.

위의 예를 '~가 없다'는 말투를 하지 않고 바꾸어 말해 보겠다.

편안하게 이야기하자.
이 방식으로 하면 100만 원의 이윤이 남는구나.
용기를 가지면 도전할 수 있다.

각도를 살짝만 바꾸면 '~가 없다'는 말투를 사용하지 않고도 같은 의미를 표현할 수 있다. 이런 말투라면 잠재의식도 이해할 수 있다. 이해할 수 있기에 당신을 편안하게 만들고 더욱 더 이윤을 남길 수 있을 만한 아이디어를 불러오며, 도전할 용기를 부여해준다.
흔히들 말하는 '긍정적인 생각'을 이야기하는 것이 아니다. 잠재의식의 메커니즘을 이야기하는 것이다. 이는 '마음가짐'이 아니다. 잠재의식을 활용하기 위한 치밀하고 빈틈없는 기술이다.
물론 때때로 '이것이 없다, 저것이 없다. 이것도 못한다, 저것도 못한다' 하면서 마음이 우울해지는 상황도 있다. 하지만 아무리 노력해도 없는 건 없는 것이다. 아무리 걱정하고 마음 졸여도 상황이 좋아질 리가 없다.

그러나 어떤 상황에든 뭔가 할 수 있는 일은 분명 있다.

그러니 '무엇을 할 수 없을까'가 아니라 '무엇이라면 가능할까'로 생각해 보는 것. 그리고 그것이 아무리 사소한 것이어도 실행을 해야 잠재의식은 당신을 지원하기 위해 움직이기 시작한다.

이런 이야기를 하면 이렇게 말하는 사람도 있다.

"그렇지만 칼로 무 베듯 딱 자를 수 없는 게 인간이잖아요? 그렇게 하고 싶어도 못하는 사람도 있다고요. 내게는 솔직히 그만큼의 행동력도 없을 뿐더러 강한 의지도 없어요. 어떻게 해야 할지 머리로는 알고 있어도 실제로는 행동 못할 때도 있고요."

그렇게 생각한다면 그걸로 됐다. 나는 딱히 곤란하지 않다.
하지만 겨우 이 정도의 대화 속에 '~가 없다'가 다섯 번이나
등장했다는 것만큼은 꼭 알았으면 한다.

상대가 있는 곳을
겨누어라

자, 여기까지 두 가지 원칙을 살펴봤다.

잠재의식에는 '지금 이 순간'밖에 없다.
잠재의식은 '없는 것'은 이해하지 못한다.

이 두 가지 원칙에 따른 삶의 방식이란 구체적으로 어떤 것일
까? 한마디로 표현할 수 있다.

어떤 상황에서든 '지금 할 수 있는 것'만을 생각하며 실행한다.

바로 이것이다. 지나간 것을 후회하지도 원망하지도 않는다. 다가올 일을 걱정하지도 않는다. '지금 이 순간'에 초점을 맞춘다.

못하는 것이나 부족한 것에 고심하지 않고 아무리 사소한 것이라도 '할 수 있는 것'을 생각해 실행한다.

지금 이 순간 당신이 할 수 있는 것을 생각하여 실행한다.

잠재의식의 이 원칙을 모르는 사람은 어떤 문제가 발생했을 때 "그 녀석 덕분에 뜻하지 않게 문제가 생겼다. 까딱하다간 계약이 만료되어 버릴지도 모른다. 곤란하네. 생산은 절대로 맞출 수 '없고' 다른 창고에도 재고가 '없는'데다가, 이제 와서 납기를 연장해달라고 말할 수도 '없는데'…"라고 생각할 것이다.

이 사람의 마음은 '과거'나 '미래', 그리고 '없는 것'에 초점을 맞추고 있다. 하지만 잠재의식은 '과거'도 '미래'도 '없는 것'

도 이해하지 못한다. 이해를 못하기 때문에 잠재의식은 당신을 도와주고 싶어도 방법이 없다.

권투 시합에서도 자신이 날린 주먹이 명중했을 때보다도 빗맞았을 때가 훨씬 더 진이 빠진다.

지나간 일을 후회하고, 다가올 일을 걱정하며, 하지 못하는 것을 아무리 생각해봤자 거기에는 아무것도 없다. 잠재의식에는 '지금 이 순간'밖에 없으며 '있는 것'밖에 없다. 그것밖에 이해하지 못한다.

따라서 당신의 주먹은 덧없이 허공을 가른다. 이는 당신의 생각 이상으로 당신을 지치게 만든다.

어차피 주먹을 날릴 거면 상대가 있는 곳을 겨누어라!

비슷한 문제가 닥쳐도 잠재의식의 방식을 이해하고 있는 사람이라면 이렇게 생각한다.

"이 문제에서 '지금 내가 할 수 있는 것'은 무엇일까? 먼저 고객을 찾아뵙고 사죄하며 사정을 설명해야겠다. 용서 여부는 차치하고, 그것이 지금 내가 할 수 있는 최선이다. 그러니 얼른 실행하자."

그런 다음 바로 그 생각을 행동으로 옮긴다. 물론 안타까운 결과로 끝날지도 모른다. 하지만 잠재의식이 최대의 노력을 발휘한 최선의 결과였음에는 의심의 여지가 없다.

Action Plan

- '지금 할 수 있는 것'을 생각하여 실행한다.

- 오늘 '할 수 있는 것'만을 작성해 본다.

- 비록 10점이라도 그 '해낸' 10점을 칭찬해준다.

- 먼저 1밀리미터만이라도 앞으로 나아가면 OK 라고 생각한다.

- 기획서에 몰두할 기분이 들지 않는다. 표지만 작성하고 끝내기로 한다.

- 도무지 청소할 기분이 안 든다. 테이블만 닦고 끝내기로 한다.

- 틀림없이 내일은 죽는다. 하지만 살아 있는 오늘 만큼은 즐겁게 보낸다.

- 불안해서 견딜 수 없을 때는 '지금의 불안'을 실시간으로 느껴본다.

Therapy : 06

실 적 이 나

경 험 에

기 대 지

마 라

목표를 실현하지 못하는
사람의 특징

폭넓은 인맥을 지닌 사람.

지식이나 경험을 풍부하게 갖고 있는 사람.

자신이 쌓아온 지금까지의 실적에 자신감이 있는 사람.

이런 사람들은 큰 목표를 실현할 수 없다.

실현할 수 있다고 해도 꽤 큰 어려움이 따라온다. 물론 그럭
저럭한 행복이라면 붙잡을 수 있다. 하지만 큰 목표를 달성하
는 데 있어서는 안타깝지만 꽤 불리한 입장에 있다고 말할 수
밖에 없다.

만약 당신이 불행하게도 그런 사람의 범주에 속해 있다면 넘버원Number One이나 온리원Only One의 인생을 실현하기 위해 앞으로 남보다 갑절의 노력이 필요하다.

역설적으로 들리는가?

그저 관심이나 끌려는 실없는 소리라 생각되는가?

아니다. 잠재의식의 관점에서 보면 지금 한 말이 현실이다.

분명 성공에 필요한 모든 자원을 갖고 있는데도 이상하게 시원찮은 사람이 당신 주위에도 한 명쯤은 있을 것이다. '어째서 그 정도의 사람이 성공하지 못하는 걸까' 하며 고개를 갸웃거리게 되는 그런 사람 말이다.

일반적으로 성공의 조건이라고 생각될 만한 것이 실제로 잠재의식에서는 족쇄가 되는 경우가 자주 있다.

하나씩 설명해 보자.

폭넓은 인맥을 지닌 사람을
조심하자

'폭넓은 인맥을 지닌 사람'의 어디가 문제일까?

우리는 사회인이 되었을 때 선배로부터 '인맥이야말로 보물이다'고 배웠다. 뻔질나게 스터디모임 등에 참여하고 많은 사람을 만나며 명함을 교환함으로써 인맥을 넓히는 노력을 해오지 않았는가?

다른 업종의 사람들과도 적극적으로 교류하며 무슨 일이 생겼을 때 힘을 빌릴 수 있는 지인을 많이 두는 것이야말로 성공의 조건이라 믿어 오지 않았는가?

손에 넣기 힘든 것도 전화 한 통이면 금세 조달해줄 수 있는 힘 있는 지인의 존재가 훌륭한 사회인의 증표가 아니었나?

당신의 상품을 뉴스레터로 홍보해줄 많은 친구가 비즈니스를 확대하기 위한 대전제이지 않았나?

아니다, 모두 착각이다. 그 이치를 지금부터 설명하겠다.

당연히 당신의 그 인맥은 '당신'이 만든 것이다. 그래서 그 '인맥'은 '당신이 당신으로 있기'를 기대한다.

여부가 있겠는가. 내가 자주 가는 타이 레스토랑은 맛있는 타이 요리를 내주기 때문에 단골 가게가 된 것이다.

만약 그 레스토랑 오너가 '에스닉 푸드 붐도 사라졌으니 예전부터 하고 싶었던 프랑스 요리 가게로 리뉴얼 해야지' 하며 프랑스 요리점으로 바꾼다면 나는 분명 더 이상 드나들지 않을 것이다. 오히려 '지금까지 사랑해준 팬의 기대를 저버리는가' 하고 욕설을 퍼부을지도 모른다.

이와 마찬가지로 당신이 새로운 자신으로 다시 태어날 만큼 크게 발전하면 당신의 예전 '인맥'은 당신을 본래의 당신으로 되돌리려 하거나 당신에게서 멀어져 간다.

앞에서 잠재의식에는 '현상 유지 메커니즘'이 있다는 말을 했었다. 당신 안에 지금의 자신을 유지하려고 하는 '현상 유지 메커니즘'이 움직이고 있다. 마찬가지로 당신의 '인맥'인 사람들의 잠재의식에도 '현상 유지 메커니즘'이 움직이고 있다.

다시 말해 그들의 잠재의식은 당신의 현상을 유지하고 싶어 한다. 그래서 당신이 크게 변화되는 것에 무의식적으로 반발한다.

인맥은
좁은 게 좋다

당신이 심한 골초라고 가정하자. 당신의 친구들도 담배를 피운다.

어느 날 당신은 금연을 결심한다. '오늘부터 금연한다'고 당신이 선언하면 친구들은 어떤 반응을 보일까?

"무리야 무리, 절대 성공 못해. 나도 매달 금연 선언을 하고 있어."

"갑자기 금연하면 스트레스 쌓여. 조금 줄이는 것만으로도 괜찮지 않아?"

"이 나이에 이제 와서 그만둔다 해도 의미가 없어."

급기야 당신의 옆얼굴에 대고 후우 연기를 내뿜으며 놀릴지도 모른다.

사실 이 친구들 악의는 없다. 다만 '현상 유지 메커니즘'이 작동해 '지금까지 같은 그룹이었던 누군가가 변화되어 가는 것을 두려워하고 있다'는 사실을 스스로 깨닫지 못하고 있을 뿐이다.

그렇지만 당신이 금연을 실천하면 친구들은 당신에게서 점점 멀어진다. 물리적이 아니라 심리적으로 말이다.

하지만 최악의 시나리오는 친구를 잃는 게 아니다.

금연을 함으로써 친구들의 거리가 '어쩐지' 멀어져 가는 느낌을 당신은 받는다. 서운함을 느낀다. 그리고 모처럼 강한 의지를 갖고 시작한 금연이면서 '역시 갑작스러운 금연은 오히려 안 좋네.' 멋대로 변명거리를 만들어 본래의 흡연자로 되돌아가는 것이다.

당신이 플러스로 성장하는 것을 무의식적으로라도 방해하는 사람들은 애초에 '친구'라 부를 가치가 없다. 만약 당신에게 그런 친구가 없다면 금연이라는 목표는 원활하게 실현했을 것이다.

이른바 '인맥'이라 부르며 당신이 소중하게 여기던 사람들도 이와 같은 이치로 마이너스로 작용하는 경우가 있다.

당신이 '현재 상태의 자신'에 만족한다면 '인맥'은 분명 당신에게 있어 소중한 보물이 될 수 있다. 그러나 당신이 주위의 기대를 배반할 만큼 성장하여 성공을 꿈꾼다면 '인맥'은 족쇄가 될 가능성이 있다.

극단적인 이야기일지도 모른다. 하지만 '인맥이야말로 재산'이라고 일방적으로 믿고 있는 사람이 너무 많아 나는 정반대를 제안한다.

인맥은 적은 편이 역동적으로 목표를 실현할 수 있다.

지식도 경험도
없는 게 좋다

'지식이나 경험을 풍부하게 갖고 있는 사람'도 큰 목표를 실현하기 어렵다고 했다. 이는 무엇 때문일까?

조카가 아직 유치원에 들어가기 전의 일이었다. 나는 조카가 즐겁게 그림을 그리는 모습을 옆에서 지켜보고 있었다. 해가 저물 무렵 공원에 로봇이 등장하는 그림이었다.

아이는 로봇을 조금 검게 칠하면서 이렇게 말했다. "밤이 물들었어."

'밤이 물들다…'

나는 잠시 멍하니 그 생각에 잠겨 있었다. 날이 저물고 밤이 찾아온다. 밤은 모든 것을 자신의 색으로 물들여 간다.

단순히 '어두워졌다'가 아니다. '밤이 물들었다'이다. 그 말은 아름답기도 하고 무섭기도 했다.

어른인 우리는 그렇게 생각하지 않는다. 밤이 가까워지고 어두워져 갈 때 거기서 무언가를 감지하는 일은 잘 없다. 그저 '날이 저물어 어두워졌다'고 생각하지 그 이상으로 무언가를 느끼려 하지 않는다.

지식이나 경험이 풍부하기 때문이다. '그런 건 알고 있어. 당연하다'고 안이하게 판단해 버리기 때문이다.

나는 십여 년 전부터 세미나나 강연을 통해 사람들 앞에서 잠재의식 이야기를 해왔다.

그런데 세미나가 끝나면 내 곁으로 다가와 이런 말을 하는 사람이 꼭 있다.

"오늘 이야기는 좋았습니다. 그건 한마디로 '공감각'이군요."

"아까 그 테크닉은 '퇴각검색backtracking'과 어떻게 다른가요?"

'내가 더 잘 알고 있다'는 사실을 어필하고 싶은 것이다. 그것이 나쁘다는 말이 아니다. 그가 나보다 풍부한 지식을 지니고 있는 것은 사실이다.

하지만 나는 이시이 히로유키라는 한 인간이 체험을 통해 터득한 테라피스트로서의 인생 이야기를 하는 것이지, 심리학 강좌나 NLP 세미나를 하는 게 아니다. 그런 강의라면 굳이 내가 할 필요가 없다. 권위 있는 선생님들이 하면 더더욱 좋을 것이다. 나는 나만이 할 수 있는 이야기라 생각하기 때문에 밖으로 나가 이야기하는 것이다.

'이미 자신이 알고 있는 무언가'로 치환하여 '한마디로 정리하면 이런 것이네요' 하고 총괄하는 순간, 그 사람은 새로운 배움의 기회를 놓치게 된다. 애써 시간을 들여 누군가의 이야기를 들으러 가봤자 기껏해야 '내가 이미 알고 있는 것을 확인'하는 정도의 수확밖에 기대하지 못한다. 즉 새로운 것은 하나도 배우지 못한다는 말이다.

지식이나 경험이 풍부한 사람일수록 그 함정에 쉽게 빠진다. 반대로 내 이야기를 들어주는 사람 중에는 잠재의식이나 심리학 관련 지식이 전혀 없는 경우가 있다. 그런 사람일수록 이야기의 내용을 이해하려는 자세로 진지하게 들어준다. 무언가로 치환하지 않고 이야기 '그 자체'를 몸소 유사체험하며 듣는 것이다. 따라서 거기서 배운 내용은 그 사람의 것이 된다.

성장을
가속화하기 위해

아이의 성장 속도가 어른보다도 훨씬 빠른 이유는 지식이나 경험이 부족하기 때문이다. 부족하기 때문에 지금 이 순간을 감지할 수 있다.

하지만 어른은 타인의 이야기를 들을 때 그 이야기를 자신의 지식이나 경험과 비교하며 듣는다. 그리고 들은 이야기가 자신이 '알고 있는 것', 정확하게는 '알고 있다고 생각하는 것'과 일치하면 거기서 생각하고 느끼는 일을 멈춰 버린다. 이것을 조금 어렵게 말하면 다음과 같다.

의식 단계에서 색안경을 써 버려 잠재의식으로는 빠지지 않는다.

지금까지의 지식이나 경험들 중에 해당되는 것이 하나도 없을 때만 우리는 비로소 '그 일 자체'를 느껴 보려고 한다.

다르게 말하면 의식 단계에서 대처하지 못하기 때문에 무한한 자원을 지닌 잠재의식에 빠진다는 것이다.

이 관점으로 보면 분명하게 말할 수 있다.

지식이나 경험이 적을수록 계속 성장할 수 있다.

과거의 실적은
아무래도 상관없다

'자신이 쌓아온 지금까지의 실적에 자신감이 있는 사람'도 크게 성공하지 못하는 사람이라고 말했다. 왜 그럴까?

'실적'이라는 건 과거의 것이다. 당연한 말만 자꾸 하지만 '미래의 실적'이란 있을 수 없다.

자, 앞에서 이야기했듯이 잠재의식에는 '지금 이 순간'밖에 없다. 그래서 아무리 당신이 자신감을 갖고 있어도 잠재의식은 '실적'이라는 것을 이해하지 못한다. 잠재의식이 이해하지 못하는 것에 매달려 있어 봤자 잠재의식은 움직여주지 않는다.

논리적으로 아주 타당한 결론이다.

당신이 쌓아온 과거의 실적 같은 건 잠재의식에 아무런 영향을 주지 않는다.

'그러면 지금까지 내가 열심히 노력해온 것은 잠재의식적으로 아무런 의미도 없었다는 말인가?'
당신은 이렇게 생각할지도 모른다. 당치도 않다. 분명 의미가 있다.
'실적'은 과거의 것이다. 하지만 '실적을 만들어낸 능력'은 과거의 것이 아니다.
당신이 과거에 요식업계에서 큰 성공을 거두었다고 해보자. 이후 당신은 완전히 새로운 도전이 하고 싶어 IT 기업을 시작했다.
"나는 요식업계에서는 전설이 된 남자다. 모두 내가 말하는 대로 움직이도록"라고 말하며 자신의 예전 실적을 아무리 내

세워도 아무도 따르지 않을 것이다. '이 사람은 과거의 영광
에만 매달리고 있는가. 이곳은 요식업계가 아닌데…' 하고 마
음속으로 생각할 것이다.

하지만 일찍이 요식업계에서 실적을 만들어낸 능력을 IT업계
에서 발휘해 보인다면 주위도 당신의 능력을 실제로 인정할
것이다. 인정할 수 있기에 '이 사람 대단하다!'며 감동한다. 당
신의 과거의 영광에 감동하는 게 아니다. '지금의 당신'에게
감동하는 것이다.

잠재의식도 마찬가지다. 아무리 과거의 '실적'에 자신이 있어
도 잠재의식은 그것을 이해하지 못한다.

그러나 '실적을 만들어낸 자신의 능력'에 자신감을 가진다면
잠재의식은 이해한다. 결과를 낼 수 있는 능력이 있다고 이해
하여 당신을 그렇게 이끌어준다.

이 말은 당신이 자신의 능력에 자신감을 갖고만 있으면 잠재
의식에게는 그 자신감에 근거가 있건 없건 마찬가지라는 의

미가 된다.

보통 '근거 없는 자신감'이라 하면 경멸이 담긴 표현으로 사용되는 경우가 많지만, 잠재의식적으로 보면 다르다.

근거가 없기 때문에 진정한 자신감인 것이다.

과거의 실적이라는 근거가 있을 경우, 이는 '지금의 능력'에 자신감이 있다기보다 '과거의 실적'에 자신감이 있다는 말이다. 실적이 있으면 자신감이 생기는 건 당연하다. 하지만 그 당연한 자신감은 과거의 것이다.

따라서 실적이 없음에도 지금 자신의 능력에 자신감을 가질 수 있다면, 그것이야말로 진정한 자신감이라 할 수 있다.

자신감을 만들어내는
최대의 비밀

'아주 궤변을 늘어놓는구나.' 이렇게 생각하는 사람이 있을지 모르지만, 잠재의식 세계의 사고방식으로 보면 매우 자연스러운 이야기다. 그저 의식 세계의 사고방식으로 받아들이면 잠재의식의 작용을 이해할 수 없다.

여기서 이야기한 내용을 종합하면 다음과 같다.

잠재의식을 활용하여 꿈과 목표를 실현하기 위해서는 인맥도 지식도 경험도 실적도 필요 없다. 그저 '나는 할 수 있다!'는 근거 없는 자신감만 있으면 된다.

그렇다고 한다면 더 이상 어떤 변명도 통용되지 않는다. 당신에게 도망갈 길은 없다.

이를 깨닫고 행동으로 옮겼을 때 당신은 지금까지 안고 있던 어떤 허황된 야망보다도 훨씬 대담한 일을 실현할 수 있다.

성공한 사람은 모두 입을 모아 이렇게 말한다. "결국에는 하느냐 하지 않느냐."

당신은 아마 이렇게 생각할 것이다.

'그렇지만 그 근거 없는 자신감을 가지기가 어렵다.'

맞다. '자신감을 가져라!' 말은 쉽다. 구체적인 방법론을 제시할 수 있어야 동기부여 전문가로서의 내 존재 가치도 있을 것이다.

어떻게 해야 그 자신감을 가질 수 있을까?

절박한 실제 의문으로 이 질문이 당신의 마음속에 생긴다면 준비 완료다.

드디어 이 책에서 가장 강력한, 최대의 비밀을 이야기할 때가
왔다.

Action Plan

- 실적이나 경험에 매달리지 않는다.
- 직함이나 과거의 경력을 가능한 입 밖에 내지 않고, 있는 그대로의 자신으로 승부한다.
- 답을 타인에게서 구하지 않고 철저하게 혼자서 생각한다.
- 주위의 부정적인 조언에 휩쓸리지 않고 직접 그 가치를 판단한다.
- 아무리 익숙한 일에도 매일 새로운 발견을 하고자 노력한다.
- 자신보다 뒤떨어진, 뒤떨어졌다고 생각하는 사람의 이야기를 순수하게 듣는 훈련을 한다.
- 미래의 경험 같은 건 존재하지 않는다. '지금까지는 이랬으니까'라고 생각하지 않는다.
- 설레는 마음으로 아내에게 데이트 신청을 해본다.

Therapy : 07

Fake It

당신에게 부족한

단 하나

Q   가게를 시작했는데 좀처럼 손님이 안 모여요.

A   왜 그런 것 같아요?

Q   이제 갓 시작한 터라 실적이 없어서죠.

A   무슨 의미죠?

Q   무슨 이라뇨…. 실적이 없으면 손님이 오지 않잖아요?

A   그런가요?

Q 그야 물론이죠. 당연히 누구나 실적이 있는 곳으로
　 가죠.
A 실적을 쌓지 않으면 손님은 오지 않나요?

Q 그렇죠.
A 그러면 실적을 쌓으면 되겠네요.

Q 하지만 손님이 오지 않는 이상 실적을 만들 수 없겠죠?
A 실적이 없으니 손님이 오지 않는다. 그리고 손님이 오
　 지 않으니 실적이 만들어지지 않는다. 이 말씀이지요?

Q 맞습니다.
A 그렇다면 당신이 몸담았던 업계에서 성공했던 경험
　 은 없습니까?

Q 있어요. 얼마든지 있습니다.

A   그때는 처음부터 실적이 있었나요?

Q   그럴 리가요. 처음에는 실적이 없었죠.

A   그렇다면 그곳은 어떻게 해서 실적을 쌓을 수 있었나요?

Q   그야 손님이 와주었으니까요.

A   하지만 실적이 없으면 손님이 오지 않잖아요?

Q   어라! 그러고 보니 확실히 그러네요.

A   그렇다면 처음부터 실적이 있는 곳이나 처음부터 자신감이 있는 사람 같은 건 없는 거네요?

Q   맞아요.

A   그렇지만 실적이나 자신감이 없으면 손님이 모이지 않고요?

Q   그렇죠.

A   그 말은 처음의 실적이나 자신감이라는 건 반드시 '허세'를 부려야 한다는 의미네요.

Q   허세요?

A   네. 그 허세를 통해 손님들이 '이곳은 실적이 있구나', '이 사장에게는 자신감이 있구나' 하고 생각하게 만드니까요. 그로 인해 손님이 모이죠. 손님이 모이면 실적이 생기니 머지않아 그 허세는 본질이 되는 것이죠.

Q   하지만 속이는 건 좋지 않아요.

A   안 좋은가요? 당신 역시 속이고 있잖아요?

Q   속인 적 없습니다.

A   '우리 가게는 파리 날리고 있다'는 거짓말을 하고 있잖아요?

Q 그런 말 하지 않았습니다.

A 말로 하지 않아도 그런 분위기가 나오고 있지 않습니까? 그건 속인 게 아닌가요?

Q 그야 분위기라면 딱히 속인 게 아니죠.

A 그러면 '우리 가게는 실적 있는 굉장한 가게다'는 분위기를 내는 것 역시 속인 게 아니겠네요?

Q 음, 확실히 그러네요.

A 왜 그렇게 하지 않습니까?

Q 실제 현실에서는 그렇지 않으니까 그런 분위기가 안 나오는 거겠죠?

A 그렇다면 현실은 장사가 안 되는 가게네요?

Q 그렇게 단정 짓지 마세요. 아직 확정된 거 아닙니다.

A   그러면 왜 그런 분위기가 나오나요? 현실에서는 장사가 안 되는 가게가 아닌데 말이죠.

Q   그런 분위기가 나온다?

A   나오고 있습니다. 결국 현실은 그렇지 않아도 그런 분위기를 낼 수 있다는 말이죠.

Q   음, 확실히 그러네요.

A   예전에 혼다 소이치로라는 사람이 있었는데, 혹시 들어봤나요?

Q   모르는 사람이 없을걸요. '세계의 혼다'잖아요.

A   그는 동네 작은 공장을 운영할 때부터 귤 상자 위에 올라서서 '세계의 혼다가 되자!'고 외쳤다고 하더군요.

Q   그 이야기라면 알고 있습니다. 오마에 겐이치 씨(아시

아를 대표하는 경영 컨설턴트이자 세계적인 경영 사상가)
가 말했었죠.

A 어째서 그런 허세를 부릴 수 있었을까요?

Q 그건 허세가 아니죠. '세계의 혼다'잖아요.

A 하지만 그 무렵에는 아직 '세계의 혼다'가 아니었는
데요.

Q 뭐, 그러네요.

A 뭐, 그렇습니까?

Q 아니, 확실히 말씀하신 대로입니다.

A 그러면 당신도 할 수 있잖아요? 실적이 엄청나서 크
게 번성하고 있는 척하는 정도는 할 수 있잖아요?

Q 그게, 그렇게 믿는다는 게 좀처럼 쉽지 않아요.

A 믿으라고 말하지 않았습니다.

Q 믿지 않아도 됩니까?

A '우리 가게는 대박 가게! 우리 가게는 대박 가게!', 이것을 스스로에게 진짜라고 완전히 믿게 만들려고 하니까 현실과의 모순으로 괴로운 겁니다. '하지만 사실은 대박이지 않잖아'라는 생각에 마음이 시들어 버리죠.

Q 무슨 말인지 잘 알아요. 세미나 같은 데서 긍정적인 마음을 가지는 자세가 중요하다고 배우지만 아무리 노력해도 현실이 따라와 주지 않는 것을 생각하면 그냥 마음이 식어 버립니다.

A 그렇지만 허세는 처음부터 거짓말입니다.

Q 거짓말?

A 거짓말이 아닌가요?

Q 확실히 거짓말이지만….
A 거짓말은 거짓말이라서 현실과의 사이에 모순이 없습니다.

Q 아하, 과연 그러네요.
A 어차피 처음부터 거짓말이니 현실이 어떻든 간에 당당하게 표현하면 되는 겁니다. 이를 테면 연기 말입니다.

Q 연기요?
A 의사를 연기하고 있는 배우가 연기하면서 '나는 사실은 의사가 아니고 배우인데' 하며 머뭇거리던가요?

Q 아니죠.
A 하지만 실제로는 자신이 의사가 아니라는 사실을 알고 있지요?

Q 그렇죠.

A 관객을 속이는 게 아니죠?

Q 음, 과연 그렇군요. 이시이 씨가 말씀하시는 허세의
의미를 알겠네요. 사람을 속인다는 의미가 아니네요.
귤 상자 위에 올라서서 '세계의 혼다!'라고 호언장담
한 혼다 소이치로처럼 스스로 이상적인 자신의 모습
을 연기한다. 크게 번성하고 있는 가게의 사장을 연
기한다. 그로 인해 번성하고 있는 가게의 분위기가
나온다. 그 분위기가 나오면 손님도 모여든다. 손님이
모여들면 처음에는 연기였던 '허세'가 진짜가 된다,
이 말이군요.

A 그렇습니다. 저는 이를 'Fake it until you make it'이
라 말합니다.

Q '페이크 잇' 말입니까?

A   가령 '페이크 퍼'라고 하면 가짜 모피를 뜻하죠. 즉 처음에는 누구나 가짜지만 그것으로도 괜찮다는 말입니다.

Q   처음부터 실적 있는 가게는 없다. 처음부터 자신감 있는 사람은 없다. 처음에는 무리해서 이상적인 자신을 연기한다는 말이네요. 처음에는 누구든 가짜. 하지만 그것이 머지않아 진짜가 된다.

A   그렇지요. 그리고 'until you make it'이라는 건 '허세가 진짜가 되기 전까지는 언제까지고 계속 연기하면 된다'는 말입니다.

Q   나는 대박 가게의 사장이다! 좋아, 오늘도 바빠질 거야! 몰려드는 손님에게 감사하다! 이런 마음으로 당당하게 밝고 즐겁게 행동하면 되겠네요.

A   그럼요. 최종적으로 자신을 북돋아주는 이는 자신밖

에 없어요. 그러니 되고 싶은 자신이 되기까지, 목표를 실현하기까지 당당하게 페이크하세요.

Q   그렇게 하겠습니다! 왠지 용기가 마구 솟아나네요!
감사합니다.

A   저야말로 감사하죠.

Q   저기, 그런데 잠재의식에 대해 여러 가지로 좀 더 공부하고 싶은데 참고가 될 만한 책이 있습니까?

A   이걸 추천합니다.

Q   〈감정의 브레이크를 제거하는 법〉. 얼른 읽어 봐야겠네요.

Action Plan

- 페이크 잇!
- 목표를 실현한 내가 할 만한 말을 한다.
- 목표를 실현한 내가 걷고 있는 것처럼 당당하게 걷는다.
- 목표를 실현한 내가 갈 만한 가게에서 점심을 먹는다.
- 목표를 실현한 내가 입을 만한 정장을 한 벌만 산다.
- 목표를 실현한 내가 읽을 만한 책을 읽는다. 이해하지 못해도….
- 목표를 실현한 내가 만날 만한 마음을 지닌 사람과 교류한다.
- 목표를 실현한 내가 하는 것처럼 대범하게 사람을 용서한다.

끝 아닌 끝

정보를 알면 이미 그 가치를 다 이해한 듯한 기분이 드는 사람이 있습니다. 누군가가 몇 년간의 경험을 통해 터득한 내용을 말하고 있는데, 그것을 고작 한 번 듣고서는 좋다, 나쁘다 혹은 사용할 수 있다, 없다를 판단합니다. 세상에는 머리 좋은 사람이 참 많습니다.

뭐, 충분히 그럴 수 있다고 생각합니다. 인터넷이다 뭐다, 원하는 정보를 쉽게 손에 넣을 수 있는 요즘 세상이니 오래전에 절판된 해외 책 또한 중고 사이트 몇 군데만 돌면 찾을 수 있는 시대입니다.

바로 얼마 전만 해도 달랐습니다. 원하는 책이 있어도 좀처럼 손에 넣을 수 없었습니다. 하지만 무슨 일이 있어도 갖고 싶었고 읽고 싶었습니다. 그 마음이 갈수록 심해졌습니다. 마치 상사병을 앓는 기분이었습니다. 만나고 싶다, 만나고 싶다, 만나고 싶다⋯. 꿈까지 꾸었습니다.

처음 절판본을 해외에서 주문해 받았을 때의 일을 지금도 기억합니다. 중학교 1학년 때였습니다. 그때는 인터넷도 보급

되기 전이었습니다. 그래서 주문도 직접 사전을 찾아 가며 편지로 작성했습니다. 당연히 워드프로세서 같은 프로그램도 없었습니다. 결제 역시 신용카드도 갖고 있지 않았고, 설사 있었다고 해도 해외로 보내줄 서점도 없었습니다. 그래서 은행에서 송금수표를 만들어 보내는 것부터 했습니다. 부끄럽지만 그때는 수표를 작은 우표라고 생각했었습니다.

그렇게 애타게 기다리며 수고를 들였던 책이라 소포가 도착했을 당시는 기쁨을 주체하지 못했습니다.

저자의 마음을 이해하려 몇 번이고 반복해서 읽으며 많은 생각을 했고, 배운 것을 반복하여 실천했습니다.

내게는 보물이었습니다. 타닥타닥 키보드를 두드려 신용카드 번호를 입력해 며칠 만에 배송되는 지금의 책과는 이미 마음가짐부터가 달랐습니다.

며칠 전 미국 중고 사이트를 둘러보고 있는데 중학생 때 그렇게 고생해서 수중에 넣은 추억의 책이 3달러 95센트에 판매되고 있었습니다. 그 책이 클릭 한 번으로 손에 넣을 수 있는가. 복잡하고 조금 쓸쓸한 기분이 들었습니다.

꿈에 나타날 정도로 원했던 책이 마침내 손에 들어온 그날 이불 속에서 책을 끌어안다시피 하고서 잠들었습니다. 그 무렵 책은 단순히 정보를 얻기 위한 것이 아니었습니다. 저자의 마음에 감응하는 것이야말로 독서였습니다.

그런 풍요로운 시대는 이제 두 번 다시 찾아오지 않을지도 모릅니다.

요즘 시대는 얼마나 빨리 책을 읽을 수 있는지가 똑똑함의 증거라고 믿고 있는 사람이 많습니다.

시간을 들이지 않고 쓱 한 번 읽고서 정보를 흡수한 뒤 옥션이며 고서점으로 흘려보냅니다. 그리고 그 돈으로 다른 책을 구매합니다. 그런 식으로 그러모은 정보로 대체 무엇을 하려는지 나는 모르겠습니다.

하지만 사랑하는 애인에게서 온 러브레터를 속독으로 읽는 사람이 있을까요?

내게 책은 저자의 마음이 담긴 편지입니다. 몇 번이고 꺼내어 반복하고 반복해서 편지를 준 사람의 영혼을 느끼고 싶습니다.

'책에는 영혼이 머물고 있다.' 나는 진심으로 그렇게 믿습니다.

여러분이 정보 획득만을 위해 이 책을 집었다면 분명 1시간이면 다 읽을 것입니다. 그러나 여러분에게 무언가를 전하고 싶어 하는 내 영혼을 느끼기 위해 이 책을 들었다면 이 책에 끝은 없습니다.

일이 잘 풀리지 않을 때, 인간관계로 좌절할 때, 살아갈 가치를 잃어버렸을 때, 불행이 덮쳐 공포에 잠식될 것 같을 때 여러분이 이 책을 반복해 읽는다면 내 영혼으로부터 아주 조금이라도 이겨내는 힘을 길러낼 것입니다.

혹은 일이 성공한 기쁨으로 가득 넘쳐 있을 때, 사랑하는 사람과 함께 있을 때, 인생의 대단함을 맛보고 있을 때, 뜻밖의 아주 특별한 보물이 인생에서 주어졌을 때도 분명 여러분

은 다시 이 책을 펼쳐 주위 사람에게 감사할 수 있는 순수함
을 떠올릴 것입니다.

이 책을 읽을 때마다 언제든 여러분은 내 영혼과 만납니다.
내 영혼은 시간과 공간을 초월해 언제고 여기서 여러분을
기다립니다. 그래요.
'잠재의식에는 시간도 공간도 없으니까요.'

이시이 히로유키

감정의
브레이크를
제거하는
법

초판 1쇄 발행 2018년 4월 6일

지은이 | 이시이 히로유키
옮긴이 | 최윤영
펴낸이 | 이동희
발행인 | (주)에이지이십일

출판등록 | 제2010-000249호(2004. 1. 20)
주소 | 서울시 마포구 성미산로 2길 33 202호 (03996)
전화 | 02-6933-6500, 팩스 | 02-6933-6505
홈페이지 | www.eiji21.com
이메일 | book@eiji21.com
ISBN | 978-89-98342-39-5